अम्मा से बातें

और कुछ लम्बी कविताएँ

भगवत रावत

राजकमल प्रकाशन

ISBN : 978-81-267-1590-9

मूल्य : ₹495

पहला संस्करण : 2008
पहली आवृत्ति : 2022

प्रकाशक : राजकमल प्रकाशन प्रा.लि.
1-बी, नेताजी सुभाष मार्ग, दरियागंज
नई दिल्ली-110 002

शाखाएँ : अशोक राजपथ, साइंस कॉलेज के सामने, पटना-800 006
पहली मंजिल, दरबारी बिल्डिंग, महात्मा गांधी मार्ग, प्रयागराज-211 001
36 ए, शेक्सपियर सरणी, कोलकाता-700 017

वेबसाइट : www.rajkamalprakashan.com
ई-मेल : info@rajkamalprakashan.com

मुद्रक : बी.के. ऑफसेट
नवीन शाहदरा, दिल्ली-110 032

AMMA SE BATEN AUR KUCHH LAMBI KAVITAYEN
(Poems) by Bhagwat Rawat

अपने अन्यतम मित्र और अप्रतिम कवि
***नरेश सक्सेना** को अपनी यह पुस्तक सौंपते हुए*
बहुत खुश हूँ।

अनुक्रम

अम्मा से बातें

और कुछ लम्बी कविताएँ

कृष्ण कथा

रुकें आप हमारे दुख में शरीक होने से पहले
लगता है आपसे हम पहले भी मिल चुके हैं
जी हाँ हम ही हैं इस गाँव के वे लोग जिनका
पता पूछते-पूछते शायद आप यहाँ तक आए हैं
क्या हमारा हुलिया मिलता नहीं उस सबसे
जो आपने पढ़ा-सुना है हमारे बारे में
देख नहीं रहे हैं आप हमारी खाली सूखी पोखर
आँखें मुरझाए सिकुड़े गाल सूखे डंठल–
शरीर उजड़ी-उजड़ी घरों की धूल-धजा
और हमारी गायों व पशुओं की बाहर
झाँकती लक्कड़-हड्डियाँ जी हाँ इसी गाँव के
किनारे बहती थी वह नदी जिससे हमारा
इतिहास जाना जाता है और उसके किनारे
लगे पेड़ों और नदी में नहाती हमारी
बहू-बेटियों की राग-रंग भरी कहानियाँ
आज भी दोहराई जाती हैं इतिहास भले
ज़िन्दा हो पर वह नदी और पेड़ हमारे लिए
सूख चुके हैं उस नदी के होने का अहसास
हमें तब होता है जब उसका पानी हमें
बेघर कर देता है और पेड़ आधी रात बाद
डरावनी आवाज़ें बनकर सारे गाँव पर
छा जाते हैं यह जो आपके पैरों के
नीचे ज़मीन हमारी आँखों की तरह

फटी-फटी खाली आसमान ताक रही
है ऐसा नहीं है पहले कभी ऐसी नहीं
थी पहले भी उस नदी का पानी हमें
घरों से बेदखल कर देता था पहले भी
खाने को दौड़ती थी जेठ की सुन्न-सट्ट
भाँय-भाँय करती गली-खोरें पर
पहले बहुत पहले हमारे गाँव में रहता
था एक लड़का सजीला साँवला प्यारा
शैतान लड़का जिसने हमारे गाँव
का मन हर लिया था अपने करतबों से
सारे गाँव की आँखें उस पर टिकी थीं
कि ज़रूर वह एक दिन हमारी ज़मीन
की फटी बिवाइयाँ भर देगा हर लेगा
हमारे दुखों को यह नहीं कि
हमने उसमें गलत सम्भावनाओं को
खोजा था पर जिस दिन से अपनी
शोहरत के साथ बड़ा होकर वह इस
गाँव से बाहर गया लौटकर नहीं आया
फिर कभी उसने खबर नहीं ली गाँव की
कि उसके बचपन के गाँव का क्या हुआ
देखिए हम नहीं चाहते कि
आप हमारे दुख में शरीक हों हमें
अच्छी तरह मालूम हो चुका है
कि कोई भी हमारे दुख में शरीक
नहीं हो सकता बहुत दिनों पहले
उस लड़के ने भी भेजा था एक ज्ञानी-
पुरुष हमारे पास हमारे दुख में शरीक होने
हमें अपने-अपने दुखों से
छुटकारा दिलाने लेकिन क्या हमें
तब भी छुटकारा मिला था क्योंकि

हम उस वक्त भी अपनी-अपनी नहीं
सारे गाँव की मुक्ति चाहते थे आप
सच-सच बताइए आप वही तो
नहीं हैं जो पहले भी आए थे
हमारे पास?

[*'समुद्र के बारे में' कविता संग्रह से, 1977*]

प्यारेलाल के लिए विदा गीत

कोई नहीं
जो नब्ज़ पर हाथ धरे
जिये या मरे
      प्यारेलाल

नहीं किया कुछ तब
जब जवान थे
भाग-दौड़ सकते थे
भर लेते घर उस समय
थोड़ी देर को
      धर देते लोक-लाज
            कोने में

झुक जाते थोड़ा सा
झुके-झुके ऊपर उठकर
झंडे सा फहराते

डरे क्यों नहीं
क्यों हरे बाँस से खड़े रहे

बेहद अकेले हो इस समय
कोई नहीं है पास
कहाँ गए दोस्त-यार

क्या हुआ
सबको अपना समझने का
भरम खा गए
छूट गए सब रिश्ते
सब कटकर निकल गए

पता नहीं चला
कब चलते-चलते
सूनी सड़क पर आ गए

समझ से नहीं लिया काम
ठीक-ठीक
किया नहीं हिसाब
भाषा पढ़ते रहे
गणित में गच्चा खा गए

अकेले बलबूते पर
उम्र भर लड़े
किसी ने नहीं दिया साथ
क्रोध में निकली गालियों को
हर तकलीफ की
दवा समझते रहे
और
असली दुश्मन पहचानने में
चूक गए

मंच पर अकेले
फिरते रहे निहत्थे
जोश में भरे-भरे
गिरे

तो हर बार
मत पेटी में गिरे

सुखी हो जाओ
यह तो कहेंगे लोग
मत
दान कर
मरे
        प्यारेलाल

दुखी मत होओ
यह दुखी होने का समय नहीं
तुम्हें शान्ति चाहिए
तो ऐसे समय में
गीता का प्रसिद्ध श्लोक
        याद करो

और
खुशी-खुशी मर जाओ

तुमने तो किया था कर्म
फल जिनने चाहा था
        उन्हें मिला

प्यार जो किया तुमने
सारी दुनिया से
        जी खोलकर
किसी ने कहा तो नहीं था तुमसे

खुद से ही क्यों नहीं किया

तो फिर अब
इस तरह मत झरो
प्यार से मरो
        प्यारेलाल

चलो
देर मत करो
देखो
तुम्हारे रथ के घोड़े
बाहर हिनहिना रहे हैं

सारी तैयारी है
बड़े-बड़े लोग
        परेशान हैं
        तुम्हारे गुण गाने को

नियम के मुताबिक
तुम्हारे जीते जी वे
ऐसा कर नहीं सकते
देरी करने में कोई लाभ नहीं
उनकी मजबूरी समझो
जल्दी करो
मरो
        मरो
                प्यारेलाल।

[‘दी हुई दुनिया’ कविता संग्रह से, 1981]

वह काम आएगा

[1]

जोड़-जाड़कर जुटी
घरेलू दुनिया में पले-बढ़े
तमाम आदमियों की तरह उसने
घरेलू दुनिया से
ज़्यादा बड़े सुख का
सपना
कभी नहीं देखा

कुछ अपनी शर्तों पर
जीने की धुन में
हाथ आया फक्कड़पन
उसकी कमाई है

उसी के सहारे
चढ़ता चला गया वह
उम्र की तमाम सीढ़ियाँ
उसी के सहारे
उन्हें उतरना भी चाहता है
रहना चाहता है वहीं
अपनी जगह

दुख से उपजे तमाम चेहरे

उसके अपने हैं
उन्हें मिलाकर
एक न करें श्रीमान
वह अकेला ही नहीं है

[2]

यह लो
उसने मिलाया हाथ
और दोस्त हो गया
मिलता है जब कोई उससे
तो पहले उसकी आँखों में
खोजता है वह
अपनी पहचान
फिर मिलाता है हाथ
तो यह
सिर्फ उसने ही नहीं मिलाया हाथ
वह अकेला कब चलता है

अपना घर
अपना दुख
अपना सपना
अपने औज़ार
और अपनी लड़ाई
खूँटी पर टाँगकर
सिर्फ घूमने की गरज से
कब निकल पाता है वह बाहर
शौकिया
सिर्फ शाम के वक्त

हाथ मिलाते हुए

यह उसका हाथ नहीं
पूरे घर की तरह बजता-खटता
उसका पूरा शरीर है
आप उसमें उतर सकते हैं
उतरती है जिस तरह उसमें
ताज़ी हवा
और उसकी
छाती फूल जाती है

[3]

अब आप
बे-रोक-टोक
उसके घर में आ-जा सकते हैं
थके-माँदे
उसके सुख-दुख में
पैर पसार सकते हैं
उसकी खरहरी खाट पर
अपने हाथ का सिरहाना बनाकर
भर दुपहरी
चाहें तो
बच्चों के शोर के बीच
एक नींद निकाल सकते हैं
आराम से

[4]

बहुत दिनों बाद
जब मैं मिला उससे
तो अचानक मिल जाने की खुशी में

एक बोल नहीं फूटा उसके मुँह से
बहुत दिनों से वह मन में
दबाए फिर रहा था बहुत कुछ
बहुत कुछ कहना चाहता था
यहाँ तक कि
कन्धे पर सिर रखकर
थोड़ी देर
रो लेना चाहता था

पर सब कुछ झटककर
जब वह हँसा
तब सचमुच
बहुत मुश्किल हुई

[5]

वह जिस स्त्री की दुनिया में
न लौटने की कसम खाकर
छोड़कर अकेला उसे
निकल आया है बाहर

वह जाएगा वापस अभी
उसी स्त्री के पास
जो घरेलू दुनिया की तकलीफों
और चिन्ताओं की चलती जुबान से
उसके होने को ही
जड़-मूल से काट रही थी

वह जाएगा उसके पास
और उससे खाना माँगेगा

पिएगा
तो
उसी के हाथ का पानी
वरना
घर पलट देगा

अपने ही तैश में
बैठा-बैठा वह
देखता रहेगा उसे
पहले से ज़्यादा दुबली और खिन्न
और अचानक
हाथ पकड़कर
खींच लेगा उसे
अपनी तरफ

[6]

उसे इस तरह सड़क पर जाता देख
सहानुभूति न दिखाएँ श्रीमान्
वह अपनी हालत पर
रत्ती भर नहीं पछताएगा

चिन्ता कर
अपने माथे पर बल न दें
वह आसानी से नहीं मरेगा

अपनी घिसटती जिन्दगी पर
कभी घृणा से नहीं थूकेगा
अड़ा रहेगा
अपनी बात पर
और बरबाद हो जाएगा

बीमार होने पर भी
किसी बात पर
उठकर बैठ जाएगा
और आस-पास खड़े दोस्तों पर
हँसेगा

देखता रहेगा
दूसरों की आँखों में
अपनी मौत का भय
और अपनी नज़रों में
साबुत बच जाएगा

आप उसके बारे में
सोचना छोड़ दें श्रीमान्
उसे जहाँ जाना है
वहाँ जाएगा

नहीं जानता है वह
कि कब
कहाँ
कौन सा युद्ध लड़ा जाएगा

पर जान चुका है इतना
अच्छी तरह
कि एक न एक दिन
वह काम आएगा।

['दी हुई दुनिया' कविता संग्रह से, 1981]

नकद-उधार

किराने की दुकान पर
उधार लेने की ताक में
नकद ग्राहकों को निबटते देखते हुए
उसमें बहुत धीरज था

कुछ ऐसे
कि वह दुकानदार का अपना आदमी है
और इन्तज़ार कर सकता है

उसके पास समय है
और वह उसे खर्च कर सकता है

समय को खर्च में बदलते हुए
बनाए गए सम्बन्ध
आड़े वक्त उसके काम आते थे
जैसे दुकानदार उसका लिहाज करता था
वरना उसे मालूम था
कि असली ग्राहक वह होता है
जिसकी जेब में भरपूर पैसा होता है
दुकानदार उसकी आँखों के आगे
बिस्तर की तरह बिछा रहता है
वह ऐसी भाषा बोलता है
जो गले से कम

ज़ुबान से ज़्यादा निकलती है
जिसका अर्थ
रटे हुए विशेषणों और विनम्रता की अदायगी का
एक पूरा सिलसिला होता है
ऐसा ग्राहक जिसे
अनसुना करने की हैसियत में होता है
जब वह लापरवाही से
पैसे निकालकर देते हुए
अगल-बगल देखता है
तो आस-पास खड़े लोग
थोड़ा-थोड़ा दूर खिसक जाते हैं

उसने अपने आप से कहा
ऐसे आदमी का दुकानदार से क्या सम्बन्ध बनता है
सम्बन्ध इस तरह नहीं बनते
यह सोचते हुए उसे जमुहाई आई और
उसने जेब से बीड़ी निकालकर सुलगाई

नकद ग्राहकों से हटकर
दूर की तरफ धुआँ फेंकते हुए
उसने सोचा
दुकान पर काफी समय हो गया है
वह चाहता तो घर जाकर वापस आ सकता था
लेकिन ऐसा करना उसकी निगाह में
शायद धीरज तोड़ना होता
और पन्द्रह बरस पुराने सम्बन्धों की डोर को
झटका भी लग सकता था

घर पर भी
किराने का सामान लाने से ज़्यादा

करने को कुछ नहीं था
बेशक दिन छुट्टी का था
और वह उसे बेफिक्री से
कहीं भी खर्च कर सकता था
लेकिन ऐसी तमाम जगहों पर
किराने का सामान कहाँ होता है

दुकान में चीज़ें सजी रहती थीं
महीने में एक-दो बार
वह जब भी यहाँ आता था
तो इन्तज़ार का समय
डिब्बों और बोतलों पर लगे
लेबिल पढ़ने में गुज़ारता था

हर बार उसे ये चीज़ें नई लगती रही हैं
वे सब काँच की अलमारियों में
ऊपर रखी रहती थीं
उसे सिर्फ दाल-चावल मिर्च-मसाला-तेल
और हद से हद
खोपरे का तेल लेना होता था
ये सारी चीज़ें नीचे ही रखी रहती थीं
उसका सामान
लिफाफों में कम
पुड़ियों में ज़्यादा बँधता था

उसने सोचा
कुछ और समय गुज़र जाने के बाद
एक ऐसा क्षण आएगा
जब दुकानदार साँस लेगा
और उसकी तरफ इस तरह देखेगा

जिसे वह सह नहीं पाएगा
पर उसे धीरज नहीं छोड़ना है
वह जानता है
ऐसा मौका आते ही
पहल वह करेगा
और दुकानदार के हाल-चाल पूछेगा
आत्मीयता जताते-जताते इसी बीच
बिना सीधे देखे
धीरे से पर्ची उसके आगे बढ़ा देगा
दुकानदार कुछ बोले इसके पहले ही
पिछला हिसाब
आने वाली पहली तारीख को
चुकता करने का वादा करेगा
और पत्नी व बच्चों के अचानक बीमार पड़ जाने का
किस्सा छेड़ देगा लेकिन
वह अच्छी तरह जानता है
दुकानदार उसकी बात अनसुनी करेगा
पर वह यह भी जानता है
दुकानदार सामान देता है
भले ही भाव में
दो पैसे ज़्यादा लगता हो
गृहस्थी के धुआँधार अँधेरे में
चूल्हा जलता है

उसने कई बार कल्पना की थी
कि किस तरह एक न एक दिन
वह दुकानदार को चकित करेगा
जब पिछली उधारी चुकता कर
महीने का सामान नकद लेगा

तब दुकानदार उसकी तरफ कैसे देखेगा
उसकी नज़र में वह कितना बदल जाएगा
हो सकता है दुकानदार
भेद भरी नज़रों से देखते हुए
दबी सी मुस्कुराहट उसकी तरफ फेंके
और तब
अचानक हाथ आए पैसों की
झेंप मिटाने के लिए
इधर-उधर देखते हुए भी
वह अपना उल्लास छिपा नहीं पाएगा

अपनी इस कल्पना पर हर बार
वह मन ही मन हँसा था
और हर बार
मन को समझाते हुए
उसने अपने आप से यही कहा था
कि थोड़ा-बहुत जो कुछ होता है
धीरज रखने से ही होता है

उम्र के पहाड़ को किसी न किसी तरह
सबको काटना है
पेट की खाइयों को किसी न किसी तरह
सबको पाटना है

बुज़ुर्ग गलत नहीं थे
जो समय का इन्तज़ार करते थे
समय उनके लिए क्या लाता था
उसे पता नहीं
पर इतना जानता है
कि मरते दम तक वे

समय की चाल को
धीरज से परखते थे

वह मन ही मन आश्वस्त हुआ
कि इस तरह
कमसकम
समय काटता नहीं
कटता है

ऐसा वह पिछले पन्द्रह वर्षों से करता आ रहा है
एक सीधे सच्चे ईमानदार आदमी की तरह
जाना जाने लगा है वह
ये गुण ही अब उसकी पहचान बन गए हैं
और यह कोई कम बात नहीं है

वरना
वह जानता है कि इस ज़माने में
कौन किसको नमस्कार करता है
सब अपनी-अपनी रोटी सेंकने में लगे हुए हैं
सब एक दूसरे को ताप रहे हैं
सब एक दूसरे से बचते हुए
एक दूसरे का रास्ता काट रहे हैं

दोनों हाथों में थैले लटकाए
जब वह सड़क पर जा रहा था
तब दोपहर का एक बज रहा था
सूरज सिर पर गिर भी सकता था
तारकोल की सड़क
पिघलकर बह भी सकती थी
पास में कोई पेड़ तक नहीं था

तेज़ी से चलते हुए
एक पुलिया के पास उसने थैले टिकाए
और उसी की आड़ में बैठ गया
फारिग होकर उसने आखिरी बीड़ी सुलगाई
और तपती हुई पुलिया पर ही
उकड़ूँ बैठ गया

माथे पर पसीना
कमीज़ की बाँह से पोंछते हुए
उसने उँगलियों के पोरों पर पड़े
थैले की बद्धियों के निशानों को
गौर से देखा
और देखता रहा

उसे लगा कि वह
अपने धीरज को इसी तरह
हाथों में लटकाए
पिछले पन्द्रह वर्षों से
इसी एक सड़क पर
नीची निगाह किए चलता रहा है चुपचाप
आज पहली बार उसे बीच में
सुस्ताने की ज़रूरत पड़ी है
पहली बार थैलों को लटकाए चलते-चलते
उसके पैर डगमगाने लगे हैं

आखिरकार
दुकानदार के लिहाज का मुँह
आज खुल गया
पुलिया से टिके हुए थैलों में वह
अपने धीरज और सन्तोष के

काँच के टुकड़ों को
बड़ी मुश्किल से
बटोर कर लाया है
उन्हें जोड़-जोड़ कर वह अब किसी भी तरह
उस आईने में नहीं बदल सकता
जिसमें देखता आया है वह अब तक
अपना चेहरा

पिछले दो महीनों से
जिन चालीस रुपयों को वह
चुकता नहीं कर पा रहा था
सम्बन्धों की डोर में वे
कब गाँठ बन गए
उसे पता नहीं चला
नहीं जान पाया वह कि
भरोसे की डोर इतनी तन चुकी है
और टूटने पर भी
गाँठ उसी के हिस्से में रही आई

याद आया उसे
पन्द्रह बरस पुराना वह दिन
जब शहर के इस हिस्से में
किराने की यह दूसरी दुकान खुली थी
दुकान जमी नहीं थी
तब दुकानदार उसे घंटों पास बिठाता था
चाय पिलाता था
वे तरह-तरह की बातें करते थे
सुख की दुख की धर्म की कर्म की
अच्छे व बुरे जमानों की

कितने लोगों के महावारी खाते
उसी की वजह से खुले थे
बड़े बाबू से लेकर बड़े साहब तक
उसी की वजह से
उस दुकान से बँधे थे

पन्द्रह वर्षों में कितना कुछ बदल गया है
एक पूरा बाज़ार बस गया है
मोटरों स्कूटरों ने
साइकिलों की जगह नहीं रहने दी
किसी याद रह गई कहानी की तरह
ये सारी बातें
बस उसी को याद हैं
बस उसी को याद रहा
अपना कटता हुआ समय
और सब आगे निकल गए हैं
तेज़ी से बहुत दूर
सबने अपने पैरों में पहिए लगवा लिए हैं
सबने हाथों में दस्ताने पहन लिए हैं
सबने आँखों पर आँखें मढ़वा ली हैं

बीड़ी के आखिरी कश से पैदा हुए
मुँह के कसैलेपन को
पुलिया पर बैठे-बैठे जब उसने
ज़मीन पर थूका
तो उसे पता नहीं था कि वह
क्या थूक रहा है
कहाँ थूक रहा है

जहाँ थूक पड़ा था
उस जगह कोई आईना नहीं था

लेकिन उस जगह
बार-बार उभरते अपने चेहरे को
वह मिटा नहीं पा रहा था

चार भले आदमियों के बीच
दुकानदार ने उसका चेहरा
इस तरह फर्श पर बिखेर दिया था
जैसे वह
तस्वीर पर मढ़ा हुआ काँच हो
इसके बाद उसने
किराने का सामान धीरे-धीरे
थैले में इस तरह भरा था
जैसे वह खुद अपनी चिता में
लकड़ियाँ लगा रहा हो

उसे पता नहीं चला
कब वह घर के दरवाज़े के सामने आ गया है
एक ऐसी दहलीज़ के सामने
जिसे वह अब तक
बिना सोचे-समझे पार करता रहा है
पहली बार
वह दहलीज़ उसे
ऊँची और चौड़ी लगने लगी थी
उसे लाँघ पाना अब उतना आसान नहीं रह गया था

उसे पार करने का मतलब इस बार
अपने आपको
फिर से उस दुनिया में दाखिल करना था
जहाँ आँगन के कोने में
हमेशा की तरह

मटके में पानी होगा
जिसकी ठंडक
उसके तलवों की जलन
और चेहरे की तमतमाहट को
अपने में समेट लेगी
तार पर सूखता हुआ
एक गमछा होगा
जो हमेशा की तरह
उसके चेहरे को पोंछ कर साफ करेगा
और पहले से बेहतर होने का
भ्रम देगा

उसने दहलीज़ पर खड़े-खड़े ही
ज़ोर से एक आवाज़ लगाई
बच्चे हैरत में पड़ गए
पत्नी भागी हुई आई

पर वहाँ कुछ भी नहीं था
हमेशा की तरह
पिछले पन्द्रह सालों से
वही आदमी हाथों में थैले लटकाए
बिलकुल वैसा ही खड़ा था
जैसा हमेशा की तरह
वह उसका पति था

वह कुछ समझ नहीं पाई
और उसके हाथों से थैले लेकर
बिना कुछ गौर किए
बिना कुछ कहे
हर बार के तय नतीजे की तरह

धुँधवाती दुनिया में गायब हो गई
बच्चा जनने की तकलीफ
और उम्मीद के रास्ते से गुज़रते हुए
वही रोटी बनाने
वही दाल पकाने

घर में घुसकर
सामने दीवार पर टँगे कैलेंडर में छपी
हाथ उठाकर आशीर्वाद देते बाबा की तस्वीर को
इस बार जानबूझकर न देखते हुए उसने
पैरों की चप्पलों को झटक कर
कोने में कुछ इस तरह फेंका
जैसे ऐसा करने से शायद कुछ हो

पर कोई ज़्यादा आवाज़ तक नहीं हुई
उसने फिर ज़ोर से एक आवाज़ लगाई
और उत्तर की प्रतीक्षा किए बिना
उसी स्वर में कहा–

इस घर में कोई है कि नहीं
खाना अभी तक नहीं बना
दिन के दो बज चुके हैं
और यह कहते-कहते
उसे पहली बार लगा
कि सब्र की भी इन्तिहा होती है

पर आवाज़
उसके गले से बाहर नहीं निकली थी
गूँजती रही थी अन्दर ही अन्दर
और वह समझ रहा था

कि मन ही मन वह जो कुछ कह रहा है
उसे सब सुन रहे हैं
और सुनते हुए भी
समझ क्यों नहीं रहे हैं
क्यों नहीं समझ रहे हैं घर के लोग
कि हर बार की तरह वह
किराने का सामान लेकर नहीं लौटा है

वह सारे घर को बताना चाहता था
कि जिसे घर आना था
वह तो वहीं कहीं छूट गया है
शायद
दुकान के सामने
काँच के टुकड़े बटोरता
शायद
उसी पुलिया के पास
जहाँ उसने थूका था

उसे याद नहीं
कब वह कमरे में पड़ी
खरहरी खाट पर बैठ चुका था
उसकी नज़र बच्चों पर गई
वे किताबें उठाकर
पढ़ाई में व्यस्त दिखाई देने की
कोशिश में लगे थे
वह उन्हें देखता रहा
और देखते-देखते
उम्र के तीस वर्ष पीछे निकल गया
जब वह नज़र बचाकर
खेलने चला गया था बाहर

घर के सामने सँकरी सी गली को पार कर
एक बड़ा सा घर था
उसकी कल्पना में उस समय तक
उससे बड़ा कोई घर नहीं था
घर के सामने खेलने की जगह थी
पर इतनी साफ कि उस पर
आराम से खेलना हो नहीं पाता था
घर के अन्दर
तीज-त्यौहार पर जब कभी वह
कुछ लेने या देने जाता था
तो चिकने फर्श वाले कमरे में
पैरों को फिसलाना उसे अच्छा लगता था

उसी कमरे में मेज़ पर
एक बड़ा सा रेडियो रखा रहता था
पूरे मोहल्ले के आसपास
वह पहला रेडियो था
मोहल्ले के बच्चों ने उसकी आवाज़
बाहर से ही कान लगाकर सुनी थी
वह उसे छूकर देखना चाहता था

और उस दिन
कमरे में चुपचाप घुसकर
जब उसने बटन घुमाया
तो उसे मालूम नहीं था कि वह इतने में ही
भरभराकर आवाज़ करने लगेगा
वह घबराया
और बेतहाशा भागा
लेकिन वह पकड़ लिया गया था
शिकायत उसके घर पहुँच चुकी थी

और उसके गालों पर
मोटी-मोटी उँगलियों के निशान उभर आए थे
मोहल्ले के तमाम बच्चे
उसके घर की चौखट पर भीड़ लगाए खड़े थे
बहुत देर तक वह रो भी नहीं पाया था

गालों पर उभरे हुए
वे पिता की उन उँगलियों के निशान थे
जिन्हें वह अकसर बीड़ी सुलगाते
माँ को तनख्वाह के पैसे गिनाते
और कभी-कभी
पुश्तैनी हारमोनियम पर
भजन निकालते
बड़े गौर से देखा करता था
वह समझ नहीं पा रहा था कि पिता
पीटकर उसे सज़ा दे रहे थे
या बड़े घर की दीवारों तक
चाँटों की चोट के साथ अपनी आवाज़
कुछ इस तरह पहुँचा रहे थे
कि लो
अब तो खुश हो
अब तो मन भर गया

इसके बाद उसे इतना ही याद है
कि घर में गहरा सन्नाटा छा गया था
पिता बहुत देर तक बैठे रहे थे खामोश
न जाने क्या सोचते हुए
वे माँ से भी कुछ नहीं बोले थे
और अन्त में घर से बाहर निकल गए थे
बीड़ी फूँकते हुए

उसने फिर बच्चों की तरफ देखा
वे पढ़ाई करने का पार्ट अदा कर रहे थे
सब-के-सब चुप थे
या ज़्यादा से ज़्यादा एक दूसरे से
इशारों में ही लड़-झगड़ रहे थे
उसने देखा
बच्चे अपनी फटी हुई किताबों की तरह
अपने फटे हुए नेकरों से भी बेखबर हैं
उनकी आँखों में
कहीं कोई शिकायत नहीं है

उसने सोचा
शायद वे भी इन्तज़ार करने लगे हैं
उसे लगा वे भी किसी दिन उसी की तरह
दुकानदार के सामने खड़े होंगे

उसका मन हुआ कि वह
अपने बच्चों को खेलता हुआ देखे
रूठता, मचलता हुआ देखे
देखे कि वे खेलते-खेलते
दूर निकल गए हैं
घर से बहुत दूर
किसी जंगल में
या किसी भी जगह
और घर लौटते हुए वे किसी
अलग रास्ते से वापस आए हैं
और उन्हें अलग तरह से लौटा देख
वह आँखों ही आँखों में
असीस रहा है

उसने बच्चों से कहा
यह कोई पढ़ने का समय है
जाओ बाहर जाकर खेलो
ऐसा कहते हुए
उसकी आवाज़ लगभग भर्राई हुई थी
वह यह भी भूल गया था
कि बाहर धूप थी
और बच्चों के पेट
रसोई की तरफ देख रहे थे

बच्चे उठकर खड़े हो गए
और वहीं खड़े रहे चुपचाप
ज़मीन की तरफ देखते हुए
वे समझ नहीं पा रहे थे कि क्या करें
अचानक खेल की यह मोहलत
उन्हें सज़ा लग रही थी

बच्चों को चुप देखकर
उसे लगा जैसे उसकी बात का
किसी पर कोई असर नहीं रह गया है
इस बात पर उसे गुस्सा आया
और उनसे लगभग चिल्लाते हुए कहा
बाहर खेलने क्यों नहीं जाते
चुप क्यों खड़े हो
बोलते क्यों नहीं
बच्चे सिटपिटा गए

उसने फिर कहा
कुछ तो जवाब दो क्या चाहते हो
आखिर अपनी जुबान कब खोलोगे

कब बोलोगे
और यह कहते-कहते
पता नहीं कब उसने
बड़े लड़के के गाल पर ज़ोर से चाँटा मारा
और सभी बच्चों को धकेलकर
कमरे से बाहर कर दिया

उसने सोचा
अचानक यह क्या हो गया
आखिर वह चाहता क्या था
और वह समझ नहीं पा रहा था
कि अकेले आदमी का धीरज
जब टूटता है
तो सिर्फ अपने बच्चों के गाल पर
तमाचा जड़कर खामोश हो जाता है

पलटकर जब उसने देखा
तो पत्नी सब कुछ देखती हुई खड़ी थी
हाथ आटे में सने थे
एक क्षण को उसने पति की तरफ
अलग आँखों से देखा
फिर बाहर खड़े बच्चों को
रसोई में लेती चली गई चुपचाप

पत्नी को इस तरह चुप जाते देख
वह भौचक्का रह गया
उसे लगा जैसे
उसकी एक और गोट पिट गई
और वह वहीं थककर बैठ गया

घर में गहरा सन्नाटा छा चुका था
वह बीड़ी पीना चाहता था
आखिरी बीड़ी भी खत्म हो चुकी थी
माचिस के खोखे में
कुछ तीलियाँ थीं
जो बार-बार
उसकी मुट्‌ठी में बज उठती थीं

कमरे में धुआँ भरने लगा था
आँखें कड़वाने लगी थीं
वह उठा
और रसोई के दरवाज़े तक गया
उसने देखा
बच्चे खाने के लिए बैठे थे
चूल्हे की लकड़ी आग पकड़ रही थी
और पत्नी के हाथों में
आटे की लोई
सिंकने के इन्तज़ार में
आकार ले रही थी।

['दी हुई दुनिया' कविता संग्रह से, 1981]

आयुधों के यान पर सवार आ रहा है दाता

धैर्य धरें सज्जन वृन्द
आ रहा है
आ रहा है दाता
अपनी करनी के आखिरी करिश्मे दिखाता
आयुधों के यान पर सवार
अपनी सब लीलाएँ साथ लिए

अभी-अभी कड़कड़ाकर कहर की तरह
टूटी जो बिजलियाँ
उठे जो अन्धड़ तूफान
सब उसी के आने के संकेत हैं
सुनें...सुनें खामोशी से
उसके आने की पदचाप

स्वागत की सारी तैयारियाँ जारी हैं
शुरू कर दिया गया है हवन जगह-जगह
चौराहों-चौराहों उठा दी गई हैं
धर्म की ध्वजाएँ
जगा दिए गए हैं बाज़ार
उठा दिए गए हैं भाव
गगनचुम्बी इमारतों में देवदूत
हाथों में लिए खड़े हैं पुष्पहार
दीन-दुखी दलितों को

खड़ा कर दिया गया है फुटपाथों पर
आप भी गाते रहें
गाते रहें भजन
करते रहें गुण-गान
भूख-प्यास भूलें
त्यागें सब क्षणभंगुर देह-धर्म
आत्मा को ऊपर उठाएँ
इस कठिन समय में
याद करें
स्वामी और सेवक की
मनोहारी कथाएँ

आएँ...आएँ
हज़ारों-लाखों की तादाद में आएँ
देगा वह दर्शन
दर्शन देगा दाता
सब होंगे निहाल
उसके प्रभा-मंडल के स्पर्श से ही
दूर होंगे सब विकार
मनुष्य अपना-अपना असली स्वरूप पहचानेंगे
मुश्किल से मिले इस जन्म को
धन्य मानेंगे
जिसका जो काम है वह करेगा
टूटेंगी नहीं मर्यादाएँ
मृग-जल सम तुच्छ
भौतिक सुख साधन
जिनके पास हैं
रहने दें उन्हीं के पास
धँसती हुई धरती का आर्तनाद
पहुँच चुका है उसके कानों में

प्रभुओं के कार्यों में बाधा पड़ रही है
अशिक्षित असभ्य अधनंगों की भीड़
अश्वमेध यज्ञों में विघ्न डाल रही है
रोके जा रहे हैं साम्राज्यों के घोड़े जगह-जगह
जयकारों की जगह
गूँज रहे हैं अशुभ नारे
जाने जाने को है पृथ्वी रसातल में

पर इस सब पर
ध्यान न दें सज्जन वृन्द
शान्ति धारण करें
समय बलवान है
प्रतीक्षा करें
आ रहा है
आ रहा है दाता
इस बार सातवें आसमान से नहीं
पश्चिमी गोलार्द्ध से
गरुड़ पर नहीं
आयुधों के यान पर सवार
बाँटता हुआ अपना तेज
आ रहा है
अपनी सब लीलाएँ साथ लिए
(पाठक गण क्षमा करें
क्षमा करें श्रोतागण
मैं बचबचा कर, देखभाल कर चलने वाला
साधारण सा कवि जानता हूँ अपनी औक़ात
यकीन करें मैं कविता के घेरे से बाहर
नहीं जाऊँगा मुझपर शक न करें सबसे
बनाकर मैंने काटी है अपनी आधी से ज़्यादा ज़िन्दगी
निश्चिन्त रहें मैं शब्दों को कहीं से

सुलगा नहीं पाऊँगा बेखटके सुनें प्रवचन
और शान्ति से घर जाएँ)

तो सुनें सज्जन
ध्यान एकाग्र करें
करें विचार
विचार करें आप कि इस धरा-धाम पर
गिरती हुई मनुष्यता का कारण
गिरे हुए मनुष्यों का
गिरता हुआ आचरण ही है
तो आइए सबसे पहले हम
गिरे हुए लोगों का आचरण सुधारें
समय आ गया है कि हम उन्हें बदलें
उन्हें पेड़ को वृक्ष कहना सिखलाएँ
कहलवाएँ उनसे पानी को जल
आग को अग्नि कहलवाते हुए हमें
पहुँचाना चाहिए उन्हें
भाषा के उस संसार में
जहाँ उनके कल्मष अपने आप
धुल जाएँ

आइए
हम नंगे को
नग्न कहकर उसे ढँक दें
आइए
हम रचें एक ऐसा शोभनीय संसार
जहाँ मनुष्य
ठंड में सिकुड़ते नहीं
शीत में सिहरते हैं
समय आ गया है जब हम

भिखारी को भिक्षुक कहकर
उसका समुचित सम्मान
उसे वापस लौटाएँ

आएँ...आएँ
आप हज़ारों-लाखों की तादाद में आएँ
हमारे इस अखंड भूखंड पर
अपनी-अपनी जातियों
धर्मों और भाषाओं की
पताकाएँ फहराएँ
कि सदियों से चली आती व्यवस्थाओं को
आदमी के अलग-अलग रंगों के
अलग-अलग कामों को
जैसा का तैसा बनाए रखने के लिए
मनुष्यों में श्रेष्ठ मनुष्यों की
पुकार पर
आ रहा है दाता
आ रहा है
अपनी करनी के आखिरी करिश्मे दिखाता
अपनी सब लीलाएँ साथ लिए।

['हुआ कुछ इस तरह' कविता संग्रह से, 1988]

अम्मा से बातें

अम्मा
मैंने लिखी एक और कविता

कितने बरस हो गए
तुमने पास बैठकर बात नहीं की
तुमको कुछ भी नहीं सुनाया
बचपन में जो कुछ लिखता था
तुम्हें आज भी वैसा का वैसा याद है
सुना-सुना कर तुमको ही तो सीखा लिखना
तुम्हें छोड़कर
कोई भी विश्वास कहाँ करता था
मेरे लिखने का

वे भी कैसे दिन थे अम्मा
जब तक मैं जागा करता था
तुम जगती थीं
सारी-सारी रात
तुम्हें नींद क्यों नहीं आती थी अम्मा
मुझको पढ़ते देख तुम्हें कैसा लगता था
जोड़-जोड़ दुखते
घुटने टखने हाथों से मलते-मलते
तुम क्या-क्या सोचा करती थीं

जब किताब के बीच छिपाकर कागज़
मैं लिखने लगता था कविता
तुम सब कुछ जानते हुए भी
कैसे अनजानी रहती थीं
खामोशी से
मेरे चेहरे पर आती-जाती कविता को
कैसे पढ़ लेती थीं

और अन्त में
तुम ही तो सुनती थीं बड़े ध्यान से
और तुम्हारे चेहरे की रेखाओं से
कितनी जल्दी लग जाता था पता
कौन-सा शब्द
चावलों में कंकड़ सा छिपा पड़ा है

तुमने कागज़-कलम नहीं ली कभी हाथ में
पर कविता को हरदम सही-सही पहचाना
कितने बरस हो गए अम्मा
तब तो मैं बिलकुल लड़का था
कैसी-कैसी तुकें जोड़कर खुश होता था
नया शब्द जो भी मिलता था
नए दोस्त की तरह
खूब उसमें
घुल-मिल जाने की धुन में
पागल सा फिरता रहता था

अब तो मैं शब्दों के मेले के बीच खड़ा हूँ
केवल आवाज़ें ही आवाज़ें बची हुई हैं
कुछ भी साफ-साफ सुन पाना बहुत कठिन है
अब शब्दों के

तौर-तरीके इतने बदल गए हैं
सबने अपने
घर के नाम बदल डाले हैं

सबको भागमभाग मची है
रचना-बसना दूर
एक पल हाथ मिलाना नहीं चाहते
दूर-दूर से ही मिलते हैं
कविता के अन्दर तो आते-आते ऐसे
परेशान से हो जाते हैं
जैसे अपने गाँव-मोहल्ले के
अनपढ़ लोगों के दिख जाने पर
भले आदमी
कटने की कोशिश में
कितना चक्कर खाते

अब दुख को ही ले लो
कैसा चिकना-चुपड़ा भेस बनाए
साधी गई पंक्ति के भीतर सज्जित
सुन्दर सा चेहरा लटकाए
ऐसा लगता है जैसे
तस्वीर खिंचाने खड़ा हुआ हो

सच अम्मा
आजकल शब्दों में
ऐसे दुख का चलन बहुत है
जिसे देखकर लगे
हाय
यह
हमें क्यों नहीं हुआ

तुम्हें याद है अम्मा
जिस दिन ताँगे वाले मम्मा का घोड़ा
मरा
कितनी जल्दी डूब गया था वह दिन
कितनी लम्बी
कितनी गहरी काली रात
हुई थी उस दिन
कितनी रातें
मम्मा
हिलक-हिलक रोया था
कितने दिन तक
तुमसे
कौर तोड़ते नहीं बना था
कितने दिन मैं पढ़ न सका था

उस दिन
ताँगे वाले मम्मा का
घोड़ा नहीं मरा था
सब की आँखें समझ रही थीं
खुली पीठ पर
खाते-खाते चाबुक
मम्मा ने दम तोड़ दिया था

अम्मा वह था अपना दुख
कुँजड़े दर्जी नाई का दुख
धोबी का दुख
बेवा हस्सन की माँ का दुख
मिट्टी के बर्तन वालों का
खपरैलों की छत वालों का
गोबर लिपे घरों का

अपना दुख था
उस दुख की तस्वीर खींचने की
हिम्मत
किसमें थी
अम्मा अब तो दुख
बाज़ार में भी बिकता है
दुख के खरीदार भी बहुत हो गए आजकल
बड़े-बड़े ज्ञानी-ध्यानी तक ले जाते हैं
और जिन्हें
सब कुछ खरीदने की आदत
छुटपन से ही पड़ी हुई है
उसको पहले वे खरीदते हैं
फिर थोड़ा काट-छाँटकर
रंग-रोगन से उसकी चुभती सी आकृति को
दर्शनीय मुद्रा देते हैं
और इस तरह उसे सुरुचि-सम्पन्न बना कर
ड्राइंग रूम या कलादीर्घाओं में लटका कर
अक्सर फुरसत में
शामों को
घंटों बहस किया करते हैं

हाँ अम्मा
सच यही हाल है
ऐसी ही हालत में मैंने
लिखी एक और कविता
कितने बरस हो गए
तुमने पास बैठकर बात नहीं की
तुमको कुछ भी नहीं सुनाया
लिखता तो मैं रहा कुछ न कुछ इन बरसों में
लेकिन हिम्मत नहीं हुई तुम तक आने की

झूठे-सच्चे नए-नए दुख
बढ़ा-चढ़ाकर बतलाने की
बस इतना ही समझो अम्मा
तेरा बेटा बड़ा हो गया
पढ़-लिख कर
अपने पैरों पर खड़ा हो गया
थोड़ा काम जम गया उसका
थोड़ा उसका नाम जम गया
बड़े-बड़ों के पास आ गया
पैसा-धेला हाथ आ गया
गलियारे की
गन्दी नाली की बस्ती से
कूद-फाँद कर
बिजली वाले पंखे वाले
पक्के घर तक दौड़ लगाते
देखो अम्मा
बाल सफेद हो चले उसके

इससे ज़्यादा
इससे हट कर
हो भी क्या सकता था अम्मा
जिस मैली-कुचली
अपढ़ और गन्दी बस्ती में
तुमने अपने मीठे दिन काटे
जिसमें मैंने
अपनी मसें भीगते देखीं
किसी एक दिन
उस बस्ती में
उजली-झक्क-धुली पोशाक पहन कर
हम जाएँगे

लोग हमें पहचानेंगे
पर उतने पास नहीं आएँगे
उनकी ही जैसी बोली में
उनसे जब हम
पूरी बात न कर पाएँगे
उनकी आँखें
दो पल हमको विस्मय से देखेंगी
बस उतनी सी देरी में हम
उन आँखों में कितने ऊपर उठ जाएँगे
इससे ज़्यादा इससे हट कर
हमने क्या सोचा था अम्मा

जिस दिन हमने वह घर छोड़ा
और रेलवे के
नल-बिजली वाले क्वार्टर में
रहने चले गए थे
उस दिन तुमने
वे आवाज़ें नहीं सुनी थीं
जो हर घर से
उठते हुए धुएँ के साथ-साथ
बाहर आई थीं

शायद उनको हम पर
पहले से ही शक था
सबके चेहरे लटक गए थे
सबकी आँखों में
कभी न मिटने वाली दूरी उग आई थी

पर गप्पे कक्का
भड़भड़िया थे

वे आखिर तक चुप रहते
बोल पड़े थे
हमको साले बाबू लोगों से
का मतलब
हम तो
चाट बेचते हैं ठेले पर अलानियाँ
रोज कमाते हैं और रोज खाते हैं
हमको कहीं नहीं जाना है
इसी नीम के नीचे
अपना बाप मरा था
हमको भी मरना है
इसी नीम के नीचे

अम्मा
जबसे हमने वह घर छोड़ा
एक ठौर पर कब रह पाए
कितने शहर चले
कितने घर बदले
लेकिन अम्मा ऐसा क्यों है
सपना अब भी
सिर्फ उसी घर का आता है

वही पड़ोस

गालियों वाली चाची का
और रात के सन्नाटे में
उस घर से ही आती हुई
वही की वही
ऊँची-नीची आवाज़ें

क्या जुबान चलती थी उसकी
कैसे बड़े-बड़े लोगों की पोलें बतलाती थी
कैसे-कैसे लोगों की
दाढ़ी-मूँछें उखाड़ कर उसने
सरेआम
उनके ही दरवाज़ों पर फेंकी
अपने हरे पेड़ जैसे शरीर में
कैसे-कैसे लोगों को उसने पनाह दी
और उन्हीं की कालिख
उनके ही मुँह पर दे मारी
भर बज़ार में

वह भी क्या औरत थी अम्मा
उसके सिर पर भूत चढ़ा था
सब कुछ तहस नहस करने का
अपने को भी मिटा डालने का
जुनून उस पर सवार था
उसको था मालूम
एक दिन उसकी बुरी मौत आएगी
इसीलिए अपनी करनी पर
उसको बिलकुल रंज नहीं था
मरते दम तक
वह बकती ही रही गालियाँ
अपनी लकवा लगी देह पर
उसने कभी विवश सी दृष्टि न फेंकी
मरते दम तक
उसने माफ न किया किसी को

अम्मा
वह अपनी

गलीज गन्दी बस्ती की
एक अकेली
मुँह वाली औरत थी
जिसके पास
और तरीका ही क्या था
बदला लेने का

अम्मा मैंने तुमसे कैसे बातें कर लीं
पर करता भी क्या
तुमसे ही तो
सब कुछ कहता आया हूँ
कितने बरस हो गए
तुमसे पास बैठकर बात नहीं की
तुमको कुछ भी नहीं सुनाया

कविताएँ तो बहुत लिखीं
इस बरसों में मैंने
पर इन सब पर
नहीं लिख सका एक शब्द भी
लिखने बैठा जब भी
ऐसा लगा कि उन पर लिख कर
उन्हें बेचने की कोशिश तो नहीं कर रहा
उनकी तकलीफों को मढ़वा कर किसी फ्रेम में
उस पर अपना नाम लिखाने की
कोशिश तो नहीं कर रहा

कितने बरस हो गए
तुमसे पास बैठकर बात नहीं की
तुमको कुछ भी नहीं सुनाया
हाँ अम्मा

वह कविता जो नई लिखी है मैंने
अबकी बार
ज़रूर उसे साथ लाऊँगा।

['हुआ कुछ इस तरह' कविता संग्रह से, 1988]

लड़का अजूबा

नंगे पाँव दौड़ता जाता है
उतरता गड्ढों में
चढ़ता टीलों पर
सड़कों-पगडंडियों पर
होता हुआ जवान
एक लड़का

देह की साइकिल पर
चलाता पैर पैडिल तेज़ी से
चिल्लाता जाता है
देखो-देखो
दौड़ो-दौड़ो
आग लगी आग लगी
आग लगी आग

लड़का
जैसे आग का एक गोला
भर्र-भर्र जलाता
साथ-साथ सूरज के
पहुँचाता खबर घर-घर
अख़बार के हॉकर सा
बिना थके
बिना रुके

दौड़ता है लड़का
देखता है सब कुछ
देखता है
दमकलें
दम साधे चुप
चुप अपनी जगह खड़ी सब कतार में
घंटियाँ खामोश
इन्तज़ार में
कोई आए
बजाए उन्हें
बज जो उठेंगी
जान जाएँगे सब
बच्चे-बूढ़े
इकट्ठे हो जाएँगे

समा जाएँगी लपटें जो आँखों में
मुश्किल हो जाएगा पाना काबू
आँखों में उमड़ी लपटों पर
दमकलें खुद आ गईं लपेट में
तब
आग लगा कर
बुझाने का खेल
खत्म हो जाएगा

लड़का
कुछ दिनों पहले बच्चा था
देखता रहा टुकुर-टुकुर
जलता छान छप्पर
टूट कर गिरा जब ऊपर
अचानक हो गया

बच्चे से बूढ़ा
फेंकता रहा धूल कंकड़-पत्थर
पर सब बेकार
अन्त में हार कर
दौड़ा गाँव-गाँव
गली-गली
दरवाज़े-दरवाज़े लगाई पुकार
पर दिखा नहीं किसी को कुछ
न आग
न धुआँ
न सुलगता पास-पड़ोस
बुनते रहे सब
दरवाज़ों पर बैठे-बैठे
अपनी-अपनी रस्सियाँ
नीची गरदनें डाले
बँधते रहे खुद
ढोर-ढाँकरों की जगह

लड़के की गोल-गोल
घूमती खोजती टटोलती
आँखें हैरान
बेहद परेशान
कोई करतब नहीं उसके पास
नहीं कोई चमत्कार
लेकिन वह रुका नहीं
बैठा नहीं थक कर
लगाता रहा चक्कर
गड्ढे टीले मैदान
दौड़ती हुई बस एक जान
उसे ही जीतना है

हारना उसे ही है
पाना नहीं है उसे कोई इनाम
उसे ही रखना है उठा कर
सिर पर
अपना बोझ
उसे ही उतारना है

चारों ओर
खुसर-पुसर
कानाफूसी सब तरफ
चाहते सब जानना
एक दूसरे से छिप कर
खोजते अखबारों में
कहाँ छपी तस्वीर

सोचते सब मन ही मन
बोलने का काम उनका नहीं

वे ही बोलेंगे
जो बोलते हैं बाद में
बोलना है उनका काम
वे ही आते हैं
देते हैं बयान
धराते हैं धीरज
बताते हैं हाल

वे ही समझा कर बतलाएँगे
आग का चेहरा
दिखाएँगे तस्वीर
उसका असली रंग
लाल या पीली

या हरी या सफेद
या नीली जहर बुझी
यह उनका काम है

कर रहे हैं सभी इन्तज़ार
कि वे अभी
कर रहे हैं विचार
समझदार
खाली नहीं बैठे हैं
बहसें चल रही हैं
अभी तय हुआ नहीं
आग का रंग
तय हुए बिना कुछ हो नहीं सकता
कैसे पहचानोगे
बिना पहचान के
आग को
आग कहना मुश्किल है

लेकिन समझदार
झुके हुए टेबिलों पर
करते हुए विचार
सहमत हैं
कि आग की खबर फैलाने वाले
लड़के को पकड़ो
पकड़ो-पकड़ो
लड़के को पकड़ो
ले आओ घसीट कर
रखो अपने पास
चला गया कहीं और तो
क्या होगा उनका

सहमत सब
लड़के को पकड़ो

लड़का
पकड़ में आता नहीं
निकल जाता सर्र से
जलता हुआ भर्र-भर्र
पास जो भी जाएगा
झुलस जाएगा चेहरा
तरकीब दिखाई देती नहीं कोई आसान

लड़का
दौड़ता ही जाता है
बोलता बस एक बात
आग लगी
आग लगी
आग लगी
आग

चारों ओर
फैल गया शोर
लड़के की आग का
शहरों में हलचल
दुकानों पर अटकलों
बहसों का सिलसिला
सिगरेटों के उड़ते हुए धुएँ में
खबरों का इन्तज़ार

पर हर बार
सुना दिया गया आखिर में

मौसम का हाल
सब एक दूसरे से पूछते
देखा किसी ने वह
दौड़ता हुआ लड़का
लड़का अजूबा जो
जलता है भर्र-भर्र
गढ़ने लगे किस्से
बुनने लगीं कहानियाँ
किस्सों के देश में
फैल गए किस्से

ज्योतिषियों ने की काल गणना
बतलाया अशुभ संकेत
किया गया उपचार
काटे गए पेड़
जुटाई गई लकड़ियाँ
अन्न, फल, मेवों के
लगाए गए ढेर
शुरू हुए यज्ञ
हवन होने लगे जगह-जगह
अग्नि की शान्ति के

लड़का दौड़ता रहा अपनी रफ्तार से
समझदार
करते रहे विचार
लड़का भौचक्का
देखता रहा सब कुछ
देखता रहा
कैसा-कैसा हो रहा कमाल
सब तरफ चौपड़ें बिछी हुईं

लग रहे दाँव
जल गए घर
जल गए गाँव

पर जो सयाने थे
जानते थे पहले से यह कथा
वे विचलित नहीं हुए
बैठे रहे ध्यान मग्न
खोले रहे प्रज्ञा चक्षु

अन्त में
वे अनुभव-सिद्ध गरिमा से उठे
महामन्त्रोच्चार के बीच
बँटवा दी सबको
मुट्ठी-मुट्ठी भर राख
हुआ जय-जयकार

डूब गई भागते लड़के की आवाज़
भूल गए सब
सब डूब गए चमत्कार में

दौड़ने लगा सयानों की रग-रग में तेज़
आ गया वाणी में ओज
मन्त्रमुग्ध सब
सब शान्त

दिखाई नहीं देता अब किसी को
दौड़ता हुआ लड़का
सुनाई नहीं देती किसी को अब
उसकी आवाज़

गूँज रहा सबके कानों में
महामन्त्रोच्चार
हाथ बाँधे बैठे सब
कर रहे फल की प्रतीक्षा

लड़का जो दौड़ रहा
दौड़ा रहा लगातार
करती पृथ्वी की परिक्रमा
आग का एक गोला
चिल्लाता जा रहा
आग लगी
आग लगी
आग लगी
आग।

['हुआ कुछ इस तरह' कविता संग्रह, 1988]

जो भी पढ़ रहा है या सुन रहा है इस समय

जो भी पढ़ रहा है
या सुन रहा है इस समय
ये पंक्तियाँ
मैं बस उसी से कर रहा हूँ बात
सिवा उसके
और कोई नहीं मेरे साथ
किसी और का हाथ
मुझे सूझ नहीं रहा है

लो मैं मुखातिब हूँ सिर्फ तुम्हारी तरफ
हो सकता है तुम मुझसे बड़े हो या छोटे
या बराबर के
इस बात से कोई फर्क नहीं पड़ता
इतना काफी है
इस समय
तुम मेरे हमवक्त हो

मैं बहुत अकेला हूँ
और यह बात मैं
तुम्हारे कान में कह रहा हूँ
मेरी इस हालत के
तुम अकेले गवाह हो
बात यह है कि आजकल शब्दों में

अकेले होने का जिक्र करना
खतरे से खाली नहीं होता
न जाने कितने अर्थ निकाले जा सकते हैं
और आपको
आसानी से खारिज किया जा सकता है

वैसे इतना यह सच भी है
कि पास-पड़ोस दोस्त-यार
बीवी-बच्चों के होते हुए
एक दूसरे के सहारे
जीते-मरते खपते-हँसते-रोते हुए
खुद को अकेला कहना
हद दर्जे की नासमझी है

लेकिन थोड़ी छूट दो तो कहूँ
क्या ऐसा नहीं होता
जब आप सब कुछ कहते हुए
किसी से कुछ कह नहीं पाते
जो सचमुच हैं
वैसे रह नहीं पाते
सहते-सहते बहुत कुछ
कुछ और सह नहीं पाते

बदलते हुए रिश्तों के रेशों को
समझते-समझाते
जब आप हार जाते हैं
और आपको पता चलता है
कि पता नहीं कब आप
बोलते-बोलते चुप हो गए हैं

एक गहन सन्नाटा
आपके चारों ओर बुन गया है
सारे लोग वापस जा चुके हैं
अब आप
न तो किसी को आवाज़ दे सकते हैं
न देना चाहते हैं
कमसकम थोड़ी देर
अपनी ही तरह रहना चाहते हैं

तब
कौन बचता है
जिससे इसके बावजूद
आप कुछ कहना चाहते हैं
आप चाहते हैं
कि आहिस्ता-आहिस्ता
किसी से कुछ बोलें
इस यकीन के साथ
कि अभी आपके शब्दों में
अर्थ बचा है

हाँ ऐसा होता है
जब सब
अपने-अपने अहं को कन्धों पर टाँगे
अलग निकल जाते हैं
और खुश होते हैं

ऐसा भी होता है जब
शालीन चतुरता से
लोग आपके गले का कौर
छीन ले जाते हैं

होता है ऐसा भी जब
तयशुदा सम्बन्ध
तयशुदा भाषा की तरह बेमानी हो जाते हैं
और आप
किसी से कुछ कह नहीं पाते

इसीलिए
इस समय
और कोई नहीं मेरा तुम्हारे सिवाय
जो मेरी तरफ देखे
मुझे उलटे-पलटे
और अपनी पलकों से छूता हुआ मुझे
मेरे साथ हो ले

इसी हालत में
पहले भी कई बार पहुँचा हूँ तुम्हारे पास
लेकिन अगर इस बार भी
हर बार की तरह
वह सब न कह पाऊँ जो कहकर भी
कह नहीं पाता तो कमसकम तुम
शक मत करना मुझ पर

तो हुआ कुछ इस तरह
कि मैं भी तमाम लोगों की तरह
मामूली से घर में पैदा हुआ
माँ-बाप का बड़ा लड़का
इतना बड़ा हुआ
कि बचपन का होश ही नहीं रहा
दुनिया के तीन-चौथाई से ज़्यादा
बच्चों की तरह
मैं भी पला बढ़ा

शक्ति भर पढ़ा
मिल सकने वाली सारी तकलीफें और सुविधाएँ
मुझे भी मिलीं
कोई अनहोनी हुई नहीं मेरे साथ
जीवन में कोई महान घटना नहीं घटी
पूरी तरह नंगा-भूखा भी नहीं रहा
कुछ भी ऐसा उल्लेखनीय नहीं हुआ
जिसे खास कह कर
शब्दों में भुना पाता

पिछले पचास सालों में
तेज़ी से बदले अपने देश में
यह तक तो नहीं बना मुझसे
कि प्रेम विवाह ही कर लेता

शादी कर दी गई
कर ली
नौकरी की

तनख्वाह को
ईमानदारी की कमाई माना
लड़ा-झगड़ा बहुत कम
अदब ज़्यादा किया
बच्चों को खुद से बेहतर बनाने का सपना हरदम देखा
मेहनत की

कुल मिलाकर यह कि अब
व्यवस्था की सीढ़ी के
तमाम पायदानों में से एक पर
ऐसे घुसड़ के बैठा हूँ

जिस पर एक साथ
सबसे ऊपर और सबसे नीचे होने का
अपार भ्रम होता है
जहाँ बैठकर आदमी
एक साथ सुखी और दुखी होता है
अकसर
दूसरों पर हँसता है
और नहीं जानता
कि ऐसा करते हुए
सिर्फ खुद पर रोता है

जब उसे जिन्दगी पर खीज़ होती है
या गुस्सा आता है
तो बस इतना होता है
कि बच्चे डर जाते हैं
और घर भर को साँप सूँघ जाता है

यूँ कहने को तो मेरे पास भी
ढेर सारे ऐसे किस्से हैं
जिनके सहारे
मैं अपनी मर्दानगी छाँट सकता हूँ
और अपनी क्रान्तिकारिता का
सुस्वादु भाषा में बखान कर
तमाम लोगों की ओर से
तुम्हारा ध्यान बाँट सकता हूँ
पर तुम अच्छी तरह जानते हो
कि ऐसी बातों में कितना दम होता है

अब सोचो
ऐसा आदमी

ऊपर से नीचे तक उधार ली हुई
जिन्दगी के सहारे
कौन-सा चमत्कार कर सकता है
और फिर ऐसा आदमी
अगर कविता करने लग जाए
अपनी दुनिया के बारे में
कविता में सोचने लग जाए
अपने घर और गाँव और मोहल्ले की तकलीफें
कविता में बुनने लग जाए
देश और दुनिया की धड़कनें
कविता के मार्फत सुनने लग जाए
तो ऐसा आदमी
घर का रहता है न घाट का
अन्दर से कटा-फटा
ऊपरी ठाठ-बाट का ऐसा प्राणी होता है
जो सड़क पर बचकर चलता है
और दुनिया के बदलने का सपना देखता है
जो भले ही कुछ सुलगा नहीं पाता
लेकिन अन्दर ही अन्दर
सुलगता रहता है

इस तरह
बचपन से अब तक का सफर
जो तय किया
उसमें कहने की कोई खास बात नहीं है
न मेरे पास दिखाने के लिए
कोई मनोहारी एलबम है

बचपन में जैसे सबके दोस्त होते हैं
मेरे भी थे

उन्हीं में से
मेरा एक दोस्त था रामचरन
वह इतना अच्छा गाता था
कि उस जैसा गाने की सबकी इच्छा होती थी
वह छठवीं तक मेरे साथ पढ़ा
जात का कोरी
उसी साल उसका ब्याह हुआ
इसके बाद वह नहीं पढ़ा
पता नहीं फिर उसका क्या हुआ

बहुत बरसों बाद
मैंने देखा उसे
वह गा रहा था
सिर पर कोयले का डला रखे
मालगाड़ी में कोयला लाद रहा था
चेहरा कोयले की राख में गुम हो गया था
लेकिन उसकी बीड़ी में
उसके गाने की आग थी

मैं कब से उसी की तरह गाना चाहता था
पर गा नहीं सका
और वह अपने गाने से
अपनी बीड़ी सुलगा रहा था

ठेठ जंगल के गाँव में
मेरी एक भाभी थी
जब वह ब्याह कर आई थी
मुझे गोद में लिए फिरती थी
मैं शरमा जाता था
वह भूरी मेम की तरह भूरी थी

नाम उसका भूरी था
मैं सोचा करता था कि बड़ा होकर
उसी से शादी करूँगा

उस जैसी बड़ी-बड़ी
कुछ-कुछ नीली आँखें
मैंने आज तक नहीं देखीं
उस जैसी लम्बी नरम उँगलियाँ
मैंने आज तक नहीं छुईं

पिछले साल
चैतुओं के डेरे के साथ
मेरे घर के बगल वाले मैदान में
पत्थरों का चूल्हा बनाकर
जब उसने लकड़ियाँ सुलगाईं
तब सड़क से निकलते हुए
मेरे मुँह से
निकल नहीं पाया भौजाई
न उसके मुँह से निकला लाला
लकड़ियाँ ज़रूर सुलगीं
और उनकी आँच में
एक क्षण को दिखा
ताँबई हो चुका उसका भूरा चेहरा
और धुएँ में गुम हो गया

मैं जानता हूँ
सभी के पास ज़रूर होंगी ऐसी यादें
सभी के पास होंगे ज़रूर ऐसे बहुत से चेहरे
सभी के साथ ज़रूर हुआ होगा ऐसा ही कुछ
तो मैं यह कह रहा था

कि इन सभी बातों के बीच
पता नहीं कब मैं कविता करने लगा
ऐसी ही बातों को लेकर मैं शब्दों के पास गया
बेहद डरा-डरा
बहुत धीरे-धीरे मैंने उन्हें छुआ
पता नहीं उनसे मेरा परिचय
आज भी ठीक-ठीक हुआ या नहीं
पर इतना जानता हूँ कि हर मुश्किल में
उनके पास जाता हूँ
उन्हीं से पूछता हूँ
उन्हीं को अपनी तकलीफ बतलाता हूँ

अब अगर तुम भी
मुझसे यह उम्मीद करो कि मैं
शब्दों को मन्त्रों में बदल दूँ
तो मैं एक बार फिर
चुप हो जाऊँगा

यह चमत्कार मुझसे नहीं हो सकता
मैं तो उन्हें अपने संसार तक ला सकता हूँ
अपनी दुनिया की तकलीफें
उसकी विकलता
उसका आवेश
और सब कुछ बदल डालने की
गहरी इच्छाशक्ति की तरह
आँच में पकते हुए
वे तमाम चेहरे
उन्हें बतला सकता हूँ
जो कोयला ढोते-ढोते गा रहे हैं
जो जिन्दगी सिर पर लादे-लादे

आग सुलगा रहे हैं
सुनो
मैं अपने घर को
सचमुच का घर बनाना चाहता हूँ
अपने दोस्त रामचरन को
उसके गाने के साथ
उसका चेहरा वापस दिलाना चाहता हूँ
अपनी भूरी भाभी के
ताँबई रंग के पीछे छिपे चेहरे को
वापस लाना चाहता हूँ

और यह होगा
ज़रूर होगा
जब शब्दों के पास जलती दुनिया की
लपटें पहुँचेंगी
और उनकी शालीनता का जादू
टूटेगा

अभी तो मैं
कविता लिख रहा हूँ
और तुम पढ़ रहे हो या सुन रहे हो

लेकिन इसके बाद अगर तुम
अपने अन्दर की आँच
बचा नहीं पाते
तो फिर
मेरे जैसा आदमी
कविता भी नहीं कर पाएगा

पता नहीं अपनी बात कितनी कह पाया हूँ
हर बार यही लगता है

कि ठीक-ठीक कह नहीं पाया
अपने इस अकेलेपन में
मैंने जो कुछ कहा है
तुम्हारे कान में कहा है
इसे अपने पास सँभालकर रखना
फिर कभी तुम्हारे पास आऊँगा
जब नहीं मानेगा मन
और रहा नहीं जाएगा
तो तुम्हारा ही दरवाज़ा
खटखटाऊँगा।

['हुआ कुछ इस तरह' कविता संग्रह से, 1988]

सुनो हिरामन

पूर्व संवाद

न जाने कब से
एक ऐसे आदमी की तलाश थी मुझे जिससे
जब चाहे अपने अकेलेपन में बातें कर सकूँ
जिसके आगे अपने मन की गाँठें खोल सकूँ
खुद को उधेड़ूँ
उसे भी उधेड़ सकूँ
एक दूसरे को
उधेड़ कर बुन सकूँ

न जाने कहाँ-कहाँ अब तक भटका किया
न जाने किन-किन चेहरों के पास गया
न जाने किस-किस को समझकर वही आदमी
अपना मन खोल दिया

एक दिन
बेहद काली अँधियारी रात में जब
न तो मूसलाधार पानी बरस रहा था
न कोई ओस टपक रही थी
सिर्फ एक सन्नाटा था सब तरफ
सन्नाटा भी ऐसा
जो न भयावना था न मोहक

सिर्फ एक सुन्न-सट्ट सन्नाटा सब तरफ
ऐसे में किसी ने दरवाज़े पर दस्तक दी
दरवाज़ा खोला तो एक आदमी
बंडी और धोती में सामने खड़ा था

देखते ही मैं बोल पड़ा
अरे अम्मा तुम... इतनी रात गए
तभी लगा नहीं-नहीं गलती हो गई
और फिर मुँह से निकल पड़ा
भैया रामचरन तुम...भूरी भाभी कहाँ हैं
और इस बार भी लगा
पहचानने में चूक गया

एक क्षण रुक कर फिर पूरे विश्वास से कहा मैंने
ओ हो 'ईसुरी' आप और मेरे घर
'रजऊ' जू कहाँ हैं
मैं कितना भागवान
आप घर पधारे हैं

वह बोला क्यों हो रहे हो परेशान
तुमने हर बार ठीक ही तो पहचाना है
बस बात सिर्फ इतनी है
मेरा नाम है हिरामन
हिरामन गाड़ीवान

अच्छा...अच्छा... वही गाड़ीवान हिरामन
रेणुजी की कहानी में हुई थी मुलाकात
वही हिरामन जो
शैलेन्द्र की फिल्म 'तीसरी कसम' में
राजकपूर बने थे

इतने दिन कहाँ रहे
कुछ अता-पता मिला हीराबाई का

हिरामन कुछ बोले नहीं थोड़ा-सा मुस्काए
और पास आकर बैठ गए
लिये रहे अपने हाथ में मेरा हाथ बड़ी देर तक
फिर धीमे से बोले
अब तबियत कैसी है

आप नहीं चाहते
किसी से कभी इसी तरह करें बात
चाहते हों तो दरवाज़ा खोल कर देखें
कब से दस्तक दे रहा है हिरामन
इस कठिन अँधियारी रात में।

[संदर्भ : सोवियत रूस का विघटन]

[1]

जा रे ज़माना...
जा रे हिरामन...
समझ में कितना आया
बिदेसी नौटंकी का खेला

कल तक जो अन्दर जानकारों की तरह
गरदनें हिला रहे थे
भड़ैत थे

आज जो कुटिल हँसी हँसते हुए
सिर उठा रहे हैं
दरअसल पड़ोसी की लड़की के

भाग जाने जैसी दबी हुई खुशी का
जश्न मना रहे हैं

जा रे ज़माना...
जा रे हिरामन...
देखा कैसे एक झटके में उखड़ गया
टीम-टामी
वाह-वाही मेला

उठो
गाड़ी जोतो भइय्यन
अब कोई और कसम खाने से
काम नहीं चलेगा
बैलों पर गुस्सा उतारने से
काम नहीं चलेगा

[2]

हिरामन भाई!
ओ हिरामन भाई!!
काहे की लदनी लादे हो इस बार

जीवन भर ढोया तुमने
दूसरों का माल-असबाब
अपनी बैलगाड़ी पर

पीठ पर ढोई अपनी उमर
आत्मा में भरे रहे अपना
निरक्षर सीधापन
आँखों में लिए-लिए फिरते रहे

सूरत
हीराबाई की

बस दो-चार लदनी ही तो लादनी थीं
चतुरता-चालाकी की
इसके बाद तो आदत पड़ जाती

चाँदी की झालरों से सज जाती बैलगाड़ी
मढ़ जाते सोने से सींग बैलों के

पर तुमने छोड़ी नहीं लीक
छोड़ा नहीं घर-गाँव
छोड़े नहीं भाई-भौजाई

अब कैसे हो हिरामन
कैसे हो
बोलते क्यों नहीं
सुनो सुनो

फिर उसके बाद क्या हुआ
फिर उसके बाद क्या हुआ मीता
आगे की कथा बार-बार पूछ रही है
हीराबाई।

[3]

क्या बताएँ हिरामन
लगता है सचमुच सठिया गई है
हीराबाई

बात-बात पर गुस्सा बताती है

कहती है
वह नहीं जानती किसी हिरामन-फिरामन को
और न उसका नाम है हीराबाई

बीड़ी बना-बनाकर किसी तरह
काट रही है अपना बुढ़ापा

पर उसके सुर में अभी वही खनक है
जब कभी अपने में होती है
अकसर गाने लगती है
सजनवा बैरी हो गए हमार...
ओ... करमवा...

अब आप ही बूझिए
ये गाना
हीराबाई के अलावा
कोई गा सकता है

[4]

कहाँ हिरा गए हिरामन हो...
बीच कीचड़ में धँसी है तुम्हारी बैलगाड़ी
लोग चारों तरफ मजमा जमाए खड़े हैं

मजा यह है कि सभी अलग-अलग
कर रहे हैं दावा
कि बैलगाड़ी है उनके हिरामन की

और यह भी
कि वे ही जानते हैं

कौन है असली हिरामन

तुम्हीं बताओ
तुम कितने-कितने थे हिरामन
तुम किसके-किसके थे हिरामन
अब तुम नहीं हो हिरामन

पर मैंने तो यही सुना है
कि सपने में भी है अगर हीराबाई
तो हिरामन भी है।

[5]

कुछ जानते हो हिरामन!
मथुरा मोहन नौटंकी कम्पनी
फेल हो गई है

मेले में इस बार
एक नई कम्पनी आई है
जनता जनार्दन नौटंकी कम्पनी!
उसी का खेला चल रहा है!

अगले मेले में
पक्का डेरा डालने की फिराक में जोरों-शोरों से
तम्बू तैयार करने में लगी हुई है
जोगिया बाबा बिहारीलाल की
भरतभूमि नौटंकी कम्पनी

पर सच बात यह है
कि किसी के पास नहीं है
हीराबाई

सारी कम्पनियाँ उसी की तलाश में हैं

अब उन्हें कौन समझाए
कि हिरामन के दिल में छिपी है
हीराबाई!

[6]

सुना हो हिरामन!
चौधरी की चाल में सोई है हीराबाई

कहते हैं कल रात हवेली में नाची थी
चौधरी ने पूरे गाँव को बुलाया था
बड़े-बड़े बन्दूक वाले
भेस बदलकर पहरा दे रहे थे
कोई साला चूँ-चपड़ नहीं कर सकता था

खूब फोटू पर फोटू खिंचे
ताली वालों ने जमकर तालियाँ बजाईं
देखते रह गए तमाशा बड़े-बड़े
हीराबाई के चाहने वाले
जब सबकी आँखों के सामने
चौधरी के गले से
लिपट गई हीराबाई

पूरी नौटंकी जमा थी
पानी वालों को पानी
खाने वालों को खाने का
पक्का इन्तज़ाम था
बिना टिकट

सब कुछ फोकट

पर दुखी मत होओ हिरामन
गाली वाले बाबा चौरस्ते पर
चिल्ला-चिल्ला कर कह रहे थे
चौधरी जिसे समझे हैं हीराबाई
वह हीराबाई नहीं...
पतुरिया है
आज इसके गले लिपटी है
कल उसके गले लिपट जाएगी

[7]

हिरामन तुम रहे मूढ़ अज्ञानी

देखो-देखो साठ-साठ का पंडित ज्ञानी
लोक-लाज को धर कोने में
बीस-बीस पच्चीस-तीस की
सुन्दरियों से
बड़े चाव से
रचा रहा है ब्याह
और दुनिया के आगे
परम सन्त की वाणी में
अपनी आत्मा का सत्य बघार रहा है

और एक तू मूरख!
अपनी भरी जवानी में ही तूने ठान लिया
अब नहीं करेगा ब्याह

रहा बहता हरदम उल्टी धारा में
महुआ घटवारिन का सपना लिए

आँख में

अरे हिरामन
कुछ तो अपनी खत्म हो रही
असल नस्ल के बारे में भी सोचा होता
थोड़ा-सा ज्ञानी बन जाता
थोड़ा-सा पंडित हो जाता
लोक-लाज को धता बताता
तो कम से कम
तेरे घर में
बच्चा तो किलकारी भरता

चलता आगे वंश
हिरामन का

[8]

इस्स...हिरामन!
महुआ घटवारिन की गीत से
पोंछते रहोगे आँखें जब तक
सौदागर
और बली होते चले जाएँगे

बैठाकर तुम्हारी ही बैलगाड़ी में हीराबाई को
एक कम्पनी से दूसरी कम्पनी में
इसी तरह नचाएँगे

सब तरफ भेस बदल कर
फैल गए हैं सौदागर
कोई ताज्जुब नहीं

खुद को ही हिरामन बताए
कोई सौदागर

इनके चेहरे पहचानो हिरामन
अब की बार मेले में पढ़-लिखकर आना
कचराही बोली के दाँव-पेंच
समझ-बूझ कर आना

शहराती फैशन के चक्कर में
ताकत और हिम्मत घर मत भूल आना
छीने गए खेतों वाला चेहरा
उतार कर रख मत आना

महाभारत अभी खत्म कहाँ हुआ।

[9]

हिरामन!
तुम जानते हो इन गाड़ीवानों को
आजकल मेले में
इन्हीं का बोलबाला है

कैसे गाड़ीवान हैं ये
मैंने एक-एक से जाकर पूछा है
पर किसी को मालूम नहीं
कहाँ है
'छत्तापुर पचीरा'

कि कौन सी लीक फूटती है कहाँ
जो जाती है
'छत्तापुर पचीरा'

अब तुम्हीं बताओ
कोई कैसे हो सकता है गाड़ीवान
अगर उसे यह भी पता नहीं
कि कहाँ है
'छत्तापुर पचीरा'।

[10]

सुनते हो हिरामन!

अपने ही गाँव के पंडितवा का लड़का
लगता है कुछ ज़्यादा ही पढ़-लिख गया है
बैठा-बैठा दिल्ली में
गाँव को गरिया रहा है

बड़ा-बड़ा लेख लिखके कहता फिर रहा है
गाँव में नहीं था कभी कोई हिरामन
और नहीं थी कहीं कोई हीराबाई
सब मनगढ़ंत सपनों की बातें हैं

और तो और
इतना तक कह रहा है
कि अब तो
वह सपना भी नहीं रहा

सुनो हिरामन!
क्या सौदागर ने महुआ के साथ-साथ
सपनों का दाम भी चुका दिया है

क्या अब कोई सपना नहीं देख पाएगा
महुआ के पीछे-पीछे

परमान नदी में कूदने का जोखिम
अब कोई नहीं उठाएगा?

[11]

नहीं हिरामन
देखो ऐसी बात नहीं है

ये जो सारे के सारे लोग एक ही तरफ
भागे जा रहे हैं अपने-अपने में
ऐसा नहीं कि उनके भीतर
कुछ रह नहीं गया है

सच पूछो तो
ये निकले थे तुम्हें खोजने
लेकिन अब ये
इतनी दूर निकल आए हैं
भूल गए हैं
ये निकले थे तुम्हें खोजने

कभी-कभी जब उन्हें
तुम्हारी एक झलक भी मिल जाती है
खो जाते हैं तुममें
पर विश्वास नहीं कर पाते

यह तक याद नहीं आता
कि असल में तो निकले थे
तुम्हें खोजने

तुम्हारी बात और थी हिरामन

तुमने तो देखा था हीराबाई को
उसकी हँसी भी देखी थी
अपने कन्धे पर उसका
हाथ भी महसूस किया था

और फिर तुम्हारे पास गाने को
महुआ घटवारिन का
गीत भी तो था।

[12]

खेल-खेल में
क्या से क्या हो गए हिरामन!

कभी किसी चेहरे में
देखो तो अपना चेहरा
जाने क्या हो गए
अब नहीं रहे हिरामन

कहते हुए बुरा लगता है
पर यह सच है
पहले तुम बँधुआ थे पर अब
किसी और के
बँधे-बँधाए नोट हो गए

कोई और भुनाता तुमको
कोई और खरचता तुमको

और कि तुम बस
इस पाले से उस पाले में

साँस टूटने तक भी हो कर रहे
कबड्डी

यह तो तुम भी जान गए हो
तुम अब केवल वोट रह गए

कुछ तो बोलो
खेल-खेल में
क्या से क्या हो गए हिरामन

[13]

कहाँ की तैयारी है हिरामन

क्या कहा जा रहे हो दिल्ली
लगता है तुम्हारे हाथ कुछ आ गया है

खाली हाथ तो कोई जाता नहीं दिल्ली
जो जितना लेकर जाता है हाथ में
उतनी ही उसके हाथ आती है दिल्ली

छोड़ो यह बताओ
किस रास्ते जा रहे हो

पागल हो गए हो क्या
गाड़ीवानी के रास्ते आज तक कोई
पहुँचा है दिल्ली...

जाना ही है तो पहले पटना जाओ
पटना में बड़ा-बड़ा टिकिट घर है

उसमें टिकिट कटाओ
फिर ठाठ से सीधे जाओ दिल्ली

हठ मत करो
गाड़ीवानी मत हाँको
तुम्हारी तरह के न जाने कितने
इसी तरह निकले थे दिल्ली
उमर बीत गई उनकी
हाँकते बैलगाड़ी दिल्ली की सड़कों पर
लेकिन आज तक
पहुँच नहीं पाए दिल्ली

[14]

आओ हिरामन बोलो तो किससे मिलना है

क्यों मजाक करते हो भाई
मैं क्या तुमको किसी 'रेणु' से मिलवा सकता हूँ,
वह तो एक वही थे
जिन्हें तुम स्वयं जानते थे अच्छे से

मानो भइय्यन
अब यहाँ कोई 'रेणु' नहीं है
उनके सब संगी-साथी तक बूढ़े हो गए
वह कुछ पौध और ही थी

हाँ कहानियाँ लिखने वाले बहुत पड़े हैं
ज्यादातर तो वे हैं जिनकी असली चिन्ता
कहानियाँ लिखने से पहले
अपने-अपने नाम लिखाने की ज़्यादा है

नौबत इतनी आ पहुँची है
कहानियों की जगह कुछ तो अब
लिए हाथ में कीचड़-कालिख
औरों के चेहरों पर ऐसे मार रहे हैं
जैसे इससे उनका
केवल उनका चेहरा बच जाएगा

चाहो तो मिल लो इन सबसे
लेकिन इतना तुम्हें बता दूँ
इनमें से अब कोई पैदल चलता नहीं

किसी ने पार नहीं कीं नदियाँ-नाले
जिस दिन से घर से भागे हैं,
एक बार भी वापस नहीं गए देखने
अबकी बार फसल कैसी है

नहीं किसी ने अपने हाथों
रोपे कहीं धान के पौधे
सबने अपना-अपना भात पकाया

[15]

हिरामन झूठ मत बोलो

झूठ बोलने के लिए दुनिया में
और लोग हैं हिरामन
तुम झूठ बोलोगे तो सच कहाँ जाएगा

सच का इसीलिए तो
सिर्फ एक मुँह होता है

झूठ के होते हैं
हजार मुँह हिरामन!

सिर्फ तुम सच बोलना
सच के अलावा कुछ और मत बोलना
क्योंकि तुमको तो
खुदा के पास जाना है

और खुदा के पास जाने को
तुम्हारे पास
न हाथी है न घोड़ा है
तुम्हें तो पैदल ही जाना है

यह लो सँभालो अपना बीड़ी का बंडल
रास्ते के लिए
यह लो अपना अंगोछा
अपनी पीठ झाड़ने के लिए
इसके अलावा तुम्हें और चाहिए भी क्या
सच की कहानी तो है ही तुम्हारे पास
सच का गाना भी तुम्हें याद है अच्छे से

सच नंगा होता है हिरामन
इसीलिए तुम्हें चलना है नंगे पाँव
और जाना है खुदा के पास

हिरामन झूठ मत बोलो।

[16]

न तो चोर बाज़ारी का माल है
न बाँस की लदनी है हिरामन

विधाता की जोड़ी गाँठ वाली एक अदद मेहरारू
चार-पाँच बच्चे
कुछ बक्से
कुछ बर्तन-भाँडे
बाकी सब कागज-पत्तर
सिर्फ कागज-पत्तर, कटे-पिटे-लिखे-छपे

बस इतना सा माल असबाब है
इस सबका वज़न कितना होगा हिरामन

चले गए बेटा-बहू खाने-कमाने परदेस
बेटी चली गई अपनी ससुराल
तब से तो उठाए नहीं उठता जूआँ कन्धों पर
मन-मन भरके भारी हो गए पहिए

यह कैसी लीला है
जितनी खाली होती जाती है
उतनी ही भारी होती जाती है गाड़ी हिरामन
पचास कोस बाद भी
दिखाई दिया नहीं तेगछिया
तुमने तो कहा था
तेगछिया पर होगा विश्राम हिरामन!

[17]

बच्चा था हिरामन
तो उसके तलुवों में लगती थी गुदगुदी

बड़ा हुआ तो कान की लवों के पास
गरदन में इधर-उधर लगने लगी गुदगुदी

धीरे-धीरे जान गया हिरामन
कि गाड़ी खींचते बैलों को भगाने के लिए
कैसे लगाते हैं गुदगुदी

संसार में कौन है अभागा
जिसको कभी कहीं लगी न हो गुदगुदी
कहती थी महतारी
चुप्पा होता है चोर बस पता नहीं चलने देता
लगने को तो
उसको भी लगती है गुदगुदी

चालीस बरस तक आते-आते
पहली बार समझा है हिरामन
कि क्या होता है तब
जब हीराबाई के दिल में होती है गुदगुदी

लेकिन तब क्या होता है
क्या होता है
जब भगवती मैया होती है प्रसन्न
जब सरस्वती माँ होती है सहाय
जब खिल-खिल उठता है चम्पा का फूल
जब मह-मह कर महक उठती है बैलगाड़ी
अब यह कौन बताए
कि क्या होता है तब
जब हिरामन गाड़ीवान की
पीठ में लगती है गुदगुदी

[18]

हिरामन
उस दिन वह जो लड़की मेरे सामने बैठी-बैठी

बिना कुछ कहे-बोले उठकर चली गई,
वह अपनी कथा बाँधकर एक पोटली में
सौंपकर मुझे
चली जाना चाहती थी कहीं
किसी ऐसी दुनिया में
जो अभी-अभी उभरी हो जल के ऊपर
जिस पर
अभी-अभी उगी हों वनस्पतियाँ
जिस पर वह अपने हाथों
उगाए एक फूल
जिसे नए सिरे से देखे कोई सूरज
जिस पर नए सिरे से
खिले कोई चाँद और इस तरह
नए सिरे से लिखे वह
अपना नाम

अब तुम बताओ हिरामन
मैं उसका पिता नहीं भाई नहीं प्रेमी नहीं
शरणागत नहीं शरणदाता नहीं
फिर किस भरोसे छोड़कर चली गई वह
अपनी कथा की पोटली मेरे पास
वह भी इस उम्मीद से
कि उसकी कथा भी बची रहे कहीं न कहीं सुरक्षित
और वह उससे मुक्त भी हो सके
यह कौन-सा रिश्ता है हिरामन

मैं उस पोटली को
किसी खूँटी पर टाँग भी तो नहीं सकता
किसी आले या कोने में
रख भी तो नहीं सकता

पोटली तो रख ली है मैंने अपने पास
पर पता नहीं
वह दूनिया उसे मिली या नहीं

क्या हीराबाई भी
यही नहीं चाहती थी हिरामन
बोलते क्यों नहीं

[19]

सुनो हिरामन
तुमसे मैंने अपनेपन में जाने क्या-क्या बातें कीं
फिर भी मन भरा नहीं है

यह तो कहो कि तुम
जिसके शब्दों में ऐसे बँधे चले आए हो
जैसे कोई माँ बछड़े के पीछे-पीछे
खिंची चली आती है घर तक,
उनके उस बीहड़ जंगल-पर्वत-नदी-नालों वाले
मन के भीतर तुम कहाँ छिपे थे
या फिर वह ही छिपे हुए थे तुममें
कुछ तो सच बतलाओ
कारण यह है उन्हें देखने की लालसा रह गई
मिल पाता जो एक बार तो पैर दबाकर
कुछ तो उनकी थकन मिटाता

मैंने तो केवल उसको देखा था जिसके कारण
आना पड़ा तुम्हें परदे पर
क्या वह फिल्म 'तीसरी कसम'
स्वयं तुमने देखी है

वह भी कैसा दीवाना था
जिसने अपना सब कुछ तुम पर वार दिया था
ठेठ साँवला चेहरा मोटी आँखों वाला
फिल्मी गीतकार कहती थी दुनिया उसको
लेकिन उसने अपने शब्द-शब्द में
साथ तुम्हारा कभी न छोड़ा
ऊपर से नीचे तक पूरा कवि था
ठीक तुम्हारी तरह साफ उजले मन वाला

वे दोनों ही सच्चे-पक्के हिरामन थे
पर तुम तीनों अलग कहाँ हो,
किसी एक को याद करो तो
बाकी दो खुद आ जाते हैं
ऐसे-ऐसे तीन-तीन जब मिल जाते हैं
तब बनता है एक हिरामन

[20]

नहीं हिरामन
उस दिन मैंने जो भी हिम्मत दिखलाई थी
सच तो यह है
मैं भीतर से डरा हुआ था
अगर दूर से तुम न दिखाई देते आते
शायद भाग ही गया होता
मैं अपने से

डर ही था वह बाँधे रहा मुझे जो कस कर
अपने खो जाने का डर था
अपने ढह जाने का डर था
बचपन से जल की जो बूँदें

रहा सहेजे अपने भीतर
उनके बह जाने का डर था

इसीलिए मैं
सोया नहीं रात भर जागा
अपने से बाहर खुद अपनी ही पहरेदारी की
और तभी से खड़ा हुआ हूँ मैं वैसा ही
खड़े-खड़े ही गिर जाऊँ तो बात और है
बँधते-बँधते ढह जाऊँ तो बात और है

तुम जो दिखे दूर से आते
पर फिर गायब कहाँ हो गए
ऐसे निर्णायक मौके पर
मुझे छोड़कर निपट अकेला इस हालत में,
ऐसा भी कोई करता है

[21]

[बुन्देली की एक धुन पर आधारित]

हिरामन
हो आए बिदेस
सरकारी खरचे पै...

खा आए...पी आए...
जी भरकर जी आए...
दिल्ली बम्बई कलकत्ता का ठाठ बिदेस में
सरकारी खरचे पै...

कागज के काम में

जमा आए धाक
अँगरेजी के बल पै ऊँची कर आए
हिन्दुस्तानी नाक बिदेस में
सरकारी खरचे पै...

सूटकेस भरे-भरे
खुशी-खुशी घर लौटे
पूरे मोहल्ले की आँखों में कुछ खटके
छोड़ आए थोड़ी सी उमर बिदेस में
सरकारी खरचे पै...

सरकारी खरचे पै...
सरकारी खरचे पै...
हिरामन हो आए बिदेस...।

समापन

आओ हिरामन
आओ हिरामन
इतने गुमसुम-गुमसुम क्यों हो
कुछ तो गप्प रसाओ हिरामन

तुमने जब अपने बैलों पर हाथ उठाया
क्या बोली थी हीराबाई
क्या कहकर बरजा था तुमको
ठीक उस समय भी क्या तुमने
उसका चेहरा देखा था
हीराबाई के उस मन का
कुछ तो मर्म बताओ हिरामन

बैठो अपना हाल बताओ
कितने दिनों बाद भेंटे हैं
सब कुछ कितना बदल गया है
संगी-साथी बिखर गए हैं
कोई तो मुँह मोड़ गया है
कोई बीच में छोड़ गया है
बाकी जो इक्के-दुक्के हैं
सबका अलग-अलग बासा है
सबका भात अलग पकता है
अब वो बातें कहाँ हिरामन

हाँ मैं बिलकुल ठीक-ठाक हूँ
बस कल की रात थी विकट काली
लगता था कल सुबह न होगी
वैसे कितनी रातें आईं
मैंने कभी न हिम्मत हारी
पर कल की रात पड़ गई भारी
बस तुम थे हिम्मत के साथी
तुमसे ही तो कहा रात भर
साँसों में भर जाओ हिरामन

मैं भी क्या दुखड़ा ले बैठा
भरा हुआ था मन कह बैठा
चलो उठो चलकर कुछ खाएँ
लोटा भरकर चाय बनाएँ
चलो किसी के घर हो आएँ
अब सोते में किसे जगाएँ
तुम भी शायद थके हुए हो
आज यहीं सुस्ताओ हिरामन

सुनो हिरामन अगर किसी दिन
हिरामनों का ही मेला हो
एक जगह हो उनका बासा
एक जगह सब मिलकर खाएँ
एक रात सब मिलकर जागें
एक रात सब मिलकर सोचें
दुनिया भर के सभी हिरामन
एक रात सब मिलकर नाचें
एक रात सब मिलकर गाएँ

हीराबाई तो उन सबको देख-देख कर
मुँह में पल्लू दबा-दबा
हँस-हँसकर दूनर हो जाएगी
कैसा अद्भुत समाँ रहेगा

तो फिर मुँह क्या देख रहे हो
गाओ...गाओ...मिलकर गाओ

हे...हे...चलत मुसाफिर मोह लियो रे
पिंजरे वाली मुनियाँ...।

[1992]

अथ रूपकुमार कथा

‘ऐसें...ऐसें एक राजा हते...’
हर कहानी यहीं से शुरू होती थी
कहानी कहने से पहले ‘मम्मा’
लगाते थे लगाम
इस तरह कि.....
...‘कहानियों सी झूठी
बातों सी मीठी
बातन के घोड़ा पै
शकरपारे की लगाम
घोड़ा चलो जाय
किड़िदुम-किड़िदुम....किड़िदुम....’
बड़ी दूर तक खिंचती थी लगाम
लगता था अब टूटी....अब टूटी साँस
पर बीच में कभी टूटती नहीं लगाम
जब तक शुरू न हो जाए कहानी
कि ‘ऐसें... ऐसें एक राजा हते...’

हर कहानी में होता था राजा
राजा हमेशा होता रूपवान
और रूपवान राजा हर बार
किसी न किसी जंगल में भटक जाता था

जंगल में भूख-प्यास से

अकेले भटकते राजा की दशा सोच-सोचकर
प्रजा हो जाती बेहाल
त्याग देती अन्न-जल
होने लगते पूजा-पाठ

और उधर जंगल में हर बार
घटता कोई न कोई चमत्कार
मिल ही जाती राजा को कहीं न कहीं कोई शरण
जहाँ हमेशा की तरह पहले से होती थी
कोई न कोई रूपवती प्रजा कन्या
जिसे रानी बनाकर उदार राजा
करता जंगल का उद्धार
चुकाता अपने राजा होने का कर्ज

राजा सहृदय पारखी
गुणवान गुणग्राहक कलावन्त
दानी और त्राता कहलाता

हर नई कहानी में राजा लौटता वापिस
महल में नई रानी के साथ
होती पूरी मनोकामना प्रजा की
करती बार-बार
जय-जयकार

कहानियों के राजा-रानी सचमुच के नहीं होते
कहानियों में सिर्फ उनकी छवियाँ होतीं
बनाई गईं
गाई गईं
सुनाई गईं युगों-युगों तक
प्रजा के द्वारा

प्रजा के मुख से
प्रजा के लिए
बचपन से बुढ़ापे तक
नहीं रहे राजा और रानी
चले गए राजपाट
ढह गए रूप महल
छवियाँ बची रहीं
इन्हीं छवियों ने जन्म दिया
इस घोर कलिकाल में
रूपकुमारों को

कलावन्तो
गुणीजनो गुणग्राहको
सहृदय पारखियो
यह न कोई लिखा गया इतिहास
न वेद न पुराण
न कोई कहानी
न कविता
बस केवल...केवल
रूपकुमार कथा।

रूप कुमार

[संदर्भ : सोवियत रूस का विघटन]

[1]

आदमी तो अपनी लड़ाई लड़ रहा है
और रूपकुमार जी उसके आईने में
अपनी छवि निहार रहे हैं

आदमी तो चीजों को अपना कहना चाह रहा है
और रूपकुमार जी उसकी इच्छा में
स्वामित्व का उत्सव मना रहे हैं

आदमी तो अपनी पहचान के लिए जूझ रहा है
और रूपकुमार जी उसकी आड़ में
अपना झंडा फहरा रहे हैं

आदमी तो अपनी लड़ाई लड़ रहा है
और रूपकुमार जी
तालियाँ बजाते हुए चिल्ला रहे हैं
वो देखो...वो...वो...जा रहा है
वो देखो...वो...वो...आ रहा है।

[2]

जब रोम जल रहा था
तब रूपकुमार बाँसुरी बजा रहा था
—रूपकुमारों की एक सभा में जब यह कहा
रूपकुमार जी ने तो
उपस्थित रूपकुमारों ने तालियों की जगह
अपनी-अपनी बाँसुरी बजाई

सभा के अन्त में
पारित किया गया एक प्रस्ताव
जिसमें देते हुए रूपकुमार जी को बधाई
कहा गया
—कि अपने समय से मुँह मोड़कर
काल में विचरण करने की जो कला
रूपकुमार जी ने बताई

वह तो उसे भी नहीं मालूम थी
जो उस समय बाँसुरी बजा रहा था
जब रोम जल रहा था।

[3]

जन्म से ही होनहार होते हैं रूपकुमार
बचपन में दिख जाता है सड़क पर
भीख माँगता कोई आदमी
तो उनका हृदय पीड़ा से भर उठता है
बस उसी दिन से समाज को बदलने के लिए
कुछ न कुछ करना चाहते हैं
रूपकुमार

यौवनावस्था तक आते-आते
वे अकसर विद्रोही मुद्रा धारण कर लेते हैं
और यह पता लगाना मुश्किल हो जाता है
कि असल में तो वे हैं
एक रूपकुमार

मुसीबत यह होती है
कि क्रान्तिकारिता की जिस सीढ़ी से
शिखर तक पहुँचना चाहते हैं रूपकुमार
उससे गिरकर कई लोग
पहले ही पसलियाँ तोड़ चुके होते हैं
वे ऐसा रिस्क कभी नहीं लेते
और एक दिन
रूप की नगरी में धुत्त पड़े दिखाई देते हैं
रूपकुमार

आप उन्हें उसी नाम से पुकारें जो वे चाहते हैं
वरना बहुत-बहुत गुस्से में आ जाते हैं
अगर कोई उनसे कहे
रूपकुमार।

[4]

भाँति-भाँति के मनुष्यों की तरह ही
होते हैं भाँति-भाँति के रूपकुमार
लेकिन सबमें होती है एक प्रतिभा समान
होश सँभालते ही उन्हें हो जाता ज्ञान
कि दुनिया सिर्फ उनके लिए बनी है
नाटक में हों चाहे जितने पात्र
केन्द्र में वही हैं
वे ही हैं सारे फलों के भोक्ता
कोई सुन्दर चेहरा
बिना उनके देखे सुन्दर हो नहीं सकता
कोई फूल बिना उनके स्पर्श के खिल नहीं सकता
बिना उनके चखे
किसी फल में रस हो नहीं सकता

इसीलिए रूप-रस-गंध के मारे हुए होते हैं
बेचारे रूपकुमार
लेकिन जब ढलने लगती है उम्र
पकड़ से छूटने लगता है अपना ही रूप-रंग
घटने लगता है वाणी का ओज
तो सारी दुनिया को निरर्थक बताते हुए
जीवन और मृत्यु के प्रश्नों में डूब जाते हैं
रूपकुमार

[5]

देखने योग्य होता है वह दृश्य
जब इतिहास के किसी मोड़ पर मिलते हैं
दो रूपकुमार

खास कर तब जब मंच पर
एक विंग के दाहिने और दूसरा बाईं ओर आता है
देखने वालों के दिल धड़कने लगते हैं
लगता है वे कोई जादू देख रहे हैं
शायद अब...शायद अब हुआ
दूध का दूध पानी का पानी
शायद अब हो दोनों में निर्णायक
तकरार
लेकिन जब खुलकर दोनों
एक दूसरे के गलों में
बाँहें डाल देते हैं
तब लगता है शायद सुलझ गया सब कुछ
शायद तय हो गया
संसार का सुन्दर भविष्य
जिसके लिए व्यर्थ अब तक गँवाते रहे जान

ऐसे समय इतिहास के मोड़ पर
सचमुच देखने योग्य होती है
रूपकुमारों की मुस्कान।

[6]

संयोग से
साधारण घरों में भी पैदा हो जाते हैं

रूपकुमार
और किसी को पता तक नहीं चलता

हैरत से एक दिन सभी
दाँतों तले उँगलियाँ दबाते हैं
जब बताया जाता है उन्हें कि उनके
घर-परिवार, मुहल्ले, गाँव या शहर में
बच्चा नहीं
पैदा हुए थे रूपकुमार

घर उनकी प्रतीक्षा में वैसा ही खड़ा रहता है
माँ-बाप, भाई-बहन उनके सपने देखते रहते हैं
मोहल्ला समाचार जानने को आतुर रहता है
और गाँव और शहर उन पर
गर्व ही करते रह जाते हैं
जब छोड़कर सबको एक दिन
फुर्र से उड़ जाते हैं रूपकुमार

[7]

हर शहर के होते हैं
अपने-अपने रूपकुमार
किन्तु बिरले होते हैं वे जो उड़ते-उड़ते
हो जाते हैं अन्तर्राष्ट्रीय
और कहलाने लगते हैं
भगवान रूपकुमार

उनकी वाणी में अमृत होता है
आँखों में सम्मोहन
चेहरे पर तेज
और हाथों में चमत्कार

रूपकुमारों की सारी किस्में
इनके आगे पानी भरती हैं
इनकी सभा में मत्था टेकते हैं बड़े-बड़े रूपकुमार
उनके दर्शन होते नहीं
वे दर्शन देते हैं
करोड़ों के वारे-न्यारे हो जाते हैं
जब किसी शीश पर
आशीष का हाथ
धर देते हैं
भगवान रूपकुमार।

[8]

मंच पर विराजे हों बड़े-बड़े विद्वान
वह शोभा नहीं देता
जब तक उपस्थित नहीं हो जाते उनके बीच
रूपकुमार

उनके आते ही सभा में हलचल की लहर दौड़ जाती है
आ जाती है जैसे सबकी जान में जान
यूँ तो किसी रूपकुमार से कम होता नहीं
कोई विद्वान
पर उनके सामने सब हकलाने लगते हैं
जिनके उद्‌बोधन के बिना
सम्भव नहीं होता कोई विमर्श कोई विचार

वे जब तक रहते हैं सभा के चेहरे पर बनी
रहती है गम्भीर कसावट
उनके जाते ही वह किसी चिड़िया की तरह
बाहर फुर्र से उड़ जाती है

फूटने लगते हैं हँसी-मजाक के फव्वारे
यहाँ तक कि सुनाई नहीं देती माइक पर दी जा रही
ज़रूरी सूचनाओं की आवाज़

फिर धीरे-धीरे
सभा-भवन खाली हो जाता है
रह जाते हैं थके-हारे संयोजक
और पराजित से बुलाए गए सारे विद्वान
जिन्हें इसके बाद सुनाने हैं एक दूसरे को ही
अपने-अपने सारगर्भित व्याख्यान

विषय साहित्य हो, कला हो, समाज हो
या विज्ञान
शुभारम्भ करते हैं रूपकुमार
समापन करते हैं रूपकुमार
बीच में जो होता है
होता ही रहता है
उसे लेकर कोई होता नहीं परेशान
दूसरे दिन अखबारों में छपता वही है
जो बोले
या नहीं बोले
रूपकुमार।

[9]

जनता जब बार-बार
कर जोड़ करती है प्रार्थना
बड़ी मुश्किल से तब
राजनीति में अवतरित होते हैं
रूपकुमार

आते ही वे अनाथ सत्ता की बागडोर सँभालते हैं
बैठते हैं उस कुर्सी पर
जो उनके लिए खाली पड़ी रहती है

जानते हैं जानकार
जन्म से ही सत्ता की चम्मच मुँह में दबाए
पैदा होते हैं रूपकुमार
पर ट्रेजेडी यह है कि पड़ जाता है उनके भी पीछे
कोई न कोई
क्योंकि एक म्यान में कभी
रह नहीं सकते
दो-दो रूपकुमार।

[10]

कभी-कभी जैसे
दिमाग पर होता है फितूर सवार
आदमी पर नशा और धर्म पर उन्माद
उसी तरह इन दिनों
रथ पर होते हैं सवार
रूपकुमार

कलियुग का यह वह समय है
जब लोग घोड़ों की जगह
इस्तेमाल करने लगे हैं मोटरकार
पर वह चाहे वस्तु हो मनुष्य हो
या विचार
हर चीज़ को अतीतमय बनाने की कला में
निपुण होते हैं रूपकुमार

रथ का एक गुण यह होता है
जो भी होता है उस पर सवार
सुनाई नहीं देता उसे
हा...हा...कार
सुनाई देती है सिर्फ
जय...जयकार...जय...जयकार

[11]

यदि आप नौकरपेशा हैं
सरकारी या अर्द्धसरकारी
तो यह विधि के विधान की तरह अटल है
आपके जीवन में आएगा ही कोई न कोई
रूपकुमार
जो हर पल अपने रूपकुमार होने का अहसास कराएगा
आपकी रातों की नींद हराम कर देगा
घंटी बजा कर
बार-बार आपको कमरे में बुलवाएगा
और आपको कहना ही होगा उसे
सर रूपकुमार
कार्यालयीन भाषा में रूपकुमार को कुछ इस तरह
परिभाषित किया जा सकता है कि इस मामले में
आयु से कोई अन्तर नहीं पड़ता
न योग्यता से
जो सीनियर होता है
वही होता है रूपकुमार

अब रही सीनियर शब्द की व्याख्या तो वह
इतनी सी है कि यह आपको सिद्ध करना होता है
कि आप ही सीनियर हैं और हो सकते हैं

रूपकुमार
लेकिन इस प्रयत्न में अकसर लोगों की उम्र बीत जाती है
कई बार तो वे हो जाते हैं रिटायर और हो नहीं पाते
रूपकुमार

दरअसल ऐसे लोगों की परेशानी यह है
कि वे पैदा होते हैं कुछ और
और होना चाहते हैं
रूपकुमार

एक सीधा और आज़माया हुआ रास्ता यह है कि आप
सिर झुकाकर उसे ही करें स्वीकार
जिसे सरकार मानती है रूपकुमार
फिर धीरे-धीरे धैर्य और तपस्या से आप
उस जगह पहुँच सकते हैं
जहाँ तालों की सारी चाबियाँ आपकी जेब में हों
और बिना आपके एक कदम चल न पाएँ
रूपकुमार

तब उस दिन आप गर्व से फूले नहीं समाएँगे
जब लोग एक दूसरे से कान में फुसफुसाएँगे
कि असली तो आप हैं
बाकी तो सब
नाम के हैं रूपकुमार।

[12]

जिस मिट्टी से आपने
उखाड़ कर फेंक दिए हों सारे झाड़-झंखाड़
जिसमें मिलाई हो आपने

अपने खून की खाद
उसमें भी
उग आते हैं रूपकुमार

यह न तो कोई प्रकृति का चमत्कार है
न विधि का कोई विधान
यह है हमारे ही अन्दर पल रहे
रूपकुमारों की परम्परा विकासमान

असल में हम-आप रूपकुमारों के
जिस जाल से मुक्त होकर बाहर आते हैं
उसे लिए-लिए साथ चले आते हैं
और उसी का सिरहाना बनाकर सोते हैं
उसी के नीचे से निकलकर हर रात
हममें समाता रहता है धीरे-धीरे
कोई न कोई रूपकुमार

और तब बहुत देर हो चुकी होती है
यह तब मानने को तैयार नहीं होते आप
कि आप नहीं रहे वो
हो चुके हैं खुद
एक रूपकुमार

[13]

ऐसे भी होते हैं कई जो दिखते हैं
जरूरत से ज़्यादा आम आदमी
पर थोड़ा सा खुरच कर देखो तो चल जाता है पता
कि वे हैं पक्के रूपकुमार

अन्यों की तुलना में ये अधिक कुशल कारीगर होते हैं
उनके कुछ बाहरी लक्षण हैं इस प्रकार

आम तौर पर इन दिनों ये दिखते हैं बढ़ाए बाल
जिनमें कभी कंघी नहीं करते
जो दाढ़ी बढ़ाए नहीं रहते
वे हफ्तों उसे नहीं बनाते
अकेले में सिगरेट और सार्वजनिक जीवन में
बीड़ी पीते दिखते हैं
कन्धों पर तरह-तरह के थेले लटकाए घूमते हैं
मातृभाषाओं से बेहतर
अंग्रेजी बोलते हैं
उनके चेहरे देखने लायक होते हैं जब वे
संसार की गम्भीर समस्याओं पर
अंग्रेजी में करते हैं विचार
देखने में दिखते हैं हरदम दुखी-दुखी
सारी दुनिया से रहते हैं असन्तुष्ट
कठिन से कठिन जीवन जीने की
कोशिश में रहते हैं
और रहें चाहे जैसे
शाम के बाद जब रिलैक्स करते हैं
तो शराब अच्छी से अच्छी पीते हैं

इनमें भी असली होते हैं वे
जो विदेशों में घूम-घूमकर बोर हो जाते हैं
और एक दिन अचानक पाते हैं कि उनके
पिछड़े देश में
करने को बहुत कुछ है

बाकी जो इनकी नकल में

इन्हीं की तरह घूमते दिखाई देते हैं
वे जब हवाई उड़ानों के सपने देखते-देखते हार जाते हैं
तो अपने ही देश में
परायेपन का जीवन बिताते हैं

रूपकुमारों की इस प्रजाति में
आजकल लड़कियाँ धड़ल्ले से शामिल हो रही हैं
उन्हें रूपकुमारियाँ कहना उचित नहीं
वे काफी बोल्ड हो चुकी हैं
और इस सम्बोधन से
उन्हें चोट भी पहुँच सकती है

[14]

एक रात मेरे सपने में आए रूपकुमार
कहने लगे
लो मैंने खुलवा दी हैं सारी जगहों में
दुकानें ही दुकानें
खुलवा दिये सारे बन्द बाजार

अब किसी चीज़ की कमी नहीं होगी
आराम से जो जी चाहे खरीद सकते हो
जो जी चाहे बेच सकते हो

मैं भी खुश हुआ
सोचा
चलो जो हुआ सो अच्छा हुआ
मैं कुछ खरीद भले न पाऊँ
बिना किसी शर्म के बाज़ार में
बिक तो सकता हूँ।

[15]

रूपकुमार के आगे दो रूपकुमार
रूपकुमार के पीछे दो रूपकुमार

बहुत पुरानी है यह पहेली जो पूछी जाए
बताओ कुल कितने रूपकुमार

अगर आप बच्चे नहीं हैं और
गिनतियों के भुलावे में नहीं आते तो आसानी से
कह देंगे कुल तीन
असल में पहेली यह नहीं है कि कुल
कितने रूपकुमार
पहेली वह है जो बीच में है
जिसके आगे एक रूपकुमार
जिसके पीछे एक रूपकुमार

ध्यान से देखिए तो यह दृश्य दुर्लभ नहीं है
आपका जाना-पहचाना है
वह जो बीच में है
एक स्त्री है
जो कभी सीता थी जानकी थी
जगत् जननी थी
आज वही जनता है

आज भी पहले की तरह छल कर चुराई जाती है
अपमानित होती है
आग में उतारी जाती है
और अग्नि-परीक्षा के बाद निर्वासित कर दी जाती है
वह आज भी अपने निर्जन एकान्त में
सपने देखती है

जिसके रखवाले कभी होते थे दो, कभी पाँच,
और अब तो सैकड़ों-हजार
अब बोलो
कितने रूपकुमार!

उपसंहार

कहानियों सी झूठी
बातों सी मीठी
बात के घोड़ा पै
शकरपारे की लगाम
घोड़ा चलो जाय
किड़िदुम...किड़िदुम...किड़िदुम

ऐसें ऐसें एक राजा हते
नहीं...नहीं एक थे राजकुमार
राजा-रानी की कहानी तो मम्मा सुनाते थे
वह कहानी कभी राजा-रानी से आगे नहीं बढ़ी
मम्मा ने कभी आगे की कहानी नहीं सुनाई

आखिरी बार की कहानी में
राजा जब आया था वापस महल में
नई रानी के साथ
तो महल तहस-नहस हो चुका था

सैकड़ों वर्षों की राजा-रानियों की कहानियों ने
पैदा किए थे जो राजकुमार
फैल गए थे पूरे राज्य में
उखाड़ फेंका उनने सारा राजपाट
कहानियों के राजा-रानी रह गए

कहानियों में

रूपकुमारों के हाथों में थी अब सत्ता
राजा थे सभी रूपकुमार
बदली हुई हालत देखकर
सुखी हुई प्रजा इसलिए कि रूपकुमार
राजा की तरह दिखते नहीं थे
दुखी हुई प्रजा इसलिए कि रूपकुमार
राजाओं की तरह ही रहते थे
प्रजा बरसों-बरस रही आई परेशान
कि क्यों नहीं हो सकता
उनमें से ही कोई रूपकुमार

जैसा कि आप जानते हैं
वह समय ही है जो होता है बलवान
सो एक दिन पूरी हुई प्रजा की यह मनोकामना
अब उसके बीच से भी आते हैं रूपकुमार
पर हमेशा भूल जाती है प्रजा
कि वह प्रजा नहीं रह जाता
जो हो जाता है
रूपकुमार

मनुष्य नाशवान है
पर जिस तरह होता है काल अनन्त
उसी तरह कभी नहीं होता किसी कथा का अन्त
उसे कहीं न कहीं छोड़ना होता है

अतः आज की यह रूपकुमार कथा
बस यहीं तक
इति शुभम्।

[1993]

कचरा बीनने वाली लड़कियाँ

आपने अपने शहरों में भी
ज़रूर देखी होंगी
कचरा बीनने वाली लड़कियाँ

मोहल्ले भर के कूड़े के ढेर पर
चौपायों सी चलती-फिरती
कचरे में अपने आप पैदा हो गई
नहीं लगतीं
ये कचरा बीनने वाली लड़कियाँ

जगह-जगह फटे
अपने कपड़ों जैसे टाट के बोरे में
भरती हैं वे बीन-बीनकर
हमारे आपके रद्द किए कागज के टुकड़े
टूटे-फूटे टीन और प्लास्टिक के डिब्बे

जब कोई छपा हुआ फोटू
या साबुत डिब्बा मिल जाता है उन्हें
तो वे रख देती हैं उसे अलग सँभालकर
और उस समय तो आप
उन्हें देख नहीं सकते जब वे
कचरे में से न जाने क्या उठाकर
चुपचाप मुँह में रख लेती हैं

अपने आस-पास
घूमते सुअरों के बीच कैसी लगती हैं
ये कचरा बीनने वाली लड़कियाँ

यह सवाल
समाजशास्त्र के कोर्स के बाहर का है
और सौन्दर्यशास्त्र उनके लिए
अभी बना नहीं
हाँ, आजकल कलात्मक फोटोग्राफी के लिए
मसाला ज़रूर हो जाती हैं
ये कचरा बीनने वाली लड़कियाँ

अपनी त्वचा पर
कालिख की परतों पर परतें चढ़ाती
बालों को जट-जूटों की तरह
फैलाती-बढ़ाती
बिना शरम-लिहाज़
शरीर को चाहे जहाँ खुजलाती
पसीने और पानी के छींटों से बनी
मैल की लकीरों वाले चेहरे पर
पीले दाँतों से
न जाने किसको मुँह चिढ़ाती
आठ नौ बरस से
बीस-पच्चीस तक की उमर की
पता नहीं कब कैसे
किस कूड़ेघर से
अपने पेट में
बच्चे तक उठा ले आती हैं
ये कचरा बीनने वाली लड़कियाँ

मर तो चुकी थीं सारी की सारी
चौरासी की गैस में
अब किससे पूछें
फिर कहाँ से उग आई हैं
ये कचरा बीनने वाली लड़कियाँ

किसी रजिस्टर में इनका नाम नहीं लिखा
ढूँढ़ने पर भी इनके बाप का पता नहीं मिलता
इनका कहीं कोई भाई नहीं दिखता
यहाँ तक कि खुद ही
अपनी माँ होती हैं
ये कचरा बीनने वाली लड़कियाँ।

['सच पूछो तो' कविता संग्रह से, 1996]

बेतवा

थोड़ा सा बचपन का समय
शेष उम्र से इतना बड़ा होता है
जितने बड़े होते जाते हैं आप
उससे भी बड़ा होता जाता है
और एक दिन आप खुद को अचानक
अपने बचपन के शहर में
खोया हुआ पाते हैं

अभी कुछ देर पहले ही आया हूँ अपने बचपन के शहर से
घूम कर अपने मोहल्ले की गली-गली चुपचाप अकेले
बिना किसी का दरवाज़ा खटखटाए

एक अजनबी बूढ़े होते आदमी को
कुछ खोजता हुआ सा देखकर भी किसी ने नहीं टोका
पहचाना नहीं किसी ने
किसी ने पूछा नहीं किसके घर जाना है

नहीं मिला खपरैलों के छप्पर वाला छोटा सा घर
वहाँ उस जगह एक पक्का गोदाम था
जिसमें भरा था सिर्फ सामान
कोई रहता नहीं था

मोहल्ले के बीचो-बीच एक नीम का पेड़ था

जिसकी छाया के नीचे पला था एक पूरा मोहल्ला
पता नहीं उसे किसने काटा या खुद-ब-खुद गिर गया
वहीं पास में एक कुआँ था मीठे पानी वाला
उसकी जगत तक फैल गए थे मकान
वह कैसे पुर गया कोई बताता नहीं था

अलबत्ता
चालीस बरस पुरानी कुछ गन्दी नालियाँ
वहीं की वहीं थीं उसी तरह भिनभिनाती
इस सबके बाद भी ताँगे वाले मम्मा के
घोड़े का थान ढूँढ़ना
भावुकता की हद थी
कुँजड़े, दर्जी, नाई, तेली, तमोली सब जा चुके थे
खाती-पीती बस्ती के उतने ही बाहर
जितने जब पहले थे वे इसी जगह पर

वह तो निकलते-निकलते बाहर मुहल्ले से ठिठक गया
जब एक बेहद बूढ़ी कमर-झुकी स्त्री ने सवाल की तरह
मेरा नाम लेकर दी आवाज़
तो फैल गई ऐसी झुरझुरी सारे शरीर में जैसी
इसके पहले कभी फैली न थी
खड़ा रहा बेसुध उसी जगह
और जब पास आकर उसने फेरा मेरे सिर पर हाथ
तो आँखें ऐसे छलछला आईं जैसे इतनी सहज-भावुक
पहले कभी हुई न थीं

किन्हीं बूढ़ी आँखों की धुँधलाती रोशनी में
इतने बरस बाद अपने बचपन की खोई हुई चीज़ के
मिल जाने की विह्वलता
कौन किन शब्दों में कह पाएगा

बहा ले गया बाढ़ का पानी सब कुछ अपने साथ
और चमत्कार की तरह वे इस उम्र में भी खड़ी रहीं
देखतीं अपने से बाहर
पहचानती आवाज़ें, नाक-नक्श और आती-जातीं
पदचाप

कितने दिनों बाद उनकी आँखों में
परलोक सिधारे अपने माता-पिता के दर्शन किए
साक्षात्
जैसे कर नहीं पाया कभी कमरे में टँगी
उनकी तस्वीरों में भी

कितना कठिन था फिर लौटना वहाँ से
कविता में कह पाना कब रहा आसान
कविता की अपनी निजता होती है लेकिन जीवन की
ऐसी निजताओं के लिए उसमें
जगह हमेशा कुछ कम पड़ जाती है

एक तीरथ पहले ही करके आया था
पैतृक इलाके के उजड़े हुए वैभव की नगरी
ओरछा में
कहते हैं जहाँ आज भी राम राजा करते निवास

बुन्देलखंड की धरती पर
कुछ इतिहास और कुछ कथाओं के गौरव की छाया में फैली पनपी
दरिद्रता, अपढ़ता और पिछड़ेपन में
बची हुई अपनी पहचान खोजना
लौटना बार-बार उस तरफ
क्या चीज़ जीवित करती है तुम्हारे भीतर

वहाँ पहुँच जाने पर
आस-पास से आती अपनी बोली बानी की
निचाट-नंगी-बेलौस आवाज़ें
जेठ की दुपहरी में चलती लू की तरह
कैसे बता देती हैं अपने आप
हाड़-तोड़-माटी के जीवन की बिथा-कथा बिना कुछ कहे

और बिना कुछ पूछे आपके पास
एक प्रश्न छोड़ जाती है कि आप कौन हैं उनके
जो यहाँ तक चले आते हैं बार-बार
उन्हें दूर से देखने-सुनने
कि आपकी अपनी इस पहचान के बहाने
वह कौन है
क्या है
जो आपके भीतर होता है सन्तुष्ट

अब यह कौन किसे समझाए
कि जिस जगह पहुँच कर सचमुच में या स्मृति में
थोड़ी देर के लिए ही सही सब कुछ भूल कर
रहना चाहते हैं आप
बिलकुल-बिलकुल अनाम
शायद वही होता है आपका अपना तीरथ

अपने ऊबड़-खाबड़ इलाके की
चट्टानी नदी के मर्मस्पर्शी जल में नहाकर लौटना
अब एक किंवदन्ती की तरह है शायद
कि काले-नंगे छोटे-छोटे पहाड़ों के बीच फैले
चट्टानी दुर्गम जीवन में बहती है कहीं कोई नदी
जो तुमसे कुछ नहीं माँगती
जिसमें नहाकर आप लौट जाते हैं

थोड़े से और उजले होकर
वह आपके शरीर के रंध्र-रंध्र में धँसकर
और जीने की ललक लगा देती है
चौतरफा फैली चट्टानों के बीच
एक धार में डूब कर मैंने
पूर्व की तरफ मुँह करके मन ही मन
दो स्टेशनों की दूरी पर बसे एक गाँव को किया नमन
जिसके एक घर की गायों की सार में
मैंने पाया था पहला स्पर्श पृथ्वी का
माँ कहा करती थीं ठीक उसी समय दोपहर में
गढ़ी का घंटा बजा था

कर नहीं पाया पार दो स्टेशनों की दूरी
लौट आया हर बार की तरह समझाकर खुद को
कि समय नहीं है
समय का न होना अक्सर मुझमें
हिम्मत का न होना होता है
बहुत कुछ उतार फेंकने की हिम्मत
एक बार जाकर देख आता
गाँव, घर, लोग, पेड़-पौधे, पशु-पक्षी, जलवायु
जिनके बीच पैदा हुआ था
तो चल जाता पता कि पैदाइश के गाँव से
राजधानी तक की तुम्हारी यात्रा का क्या हुआ

फिर कभी जाऊँगा फुरसत से छुट्टी लेकर
स्वयं से कहकर यह एक सभ्य वाक्य
किससे चुराता रहा आँखें
अपनी किताबों में अपने जन्म की जगह लिखवाता रहा
जिस गाँव का नाम
उससे टूटी अपनी डोर को कब तक छिपाऊँगा

समय नहीं है
समय नहीं है
कहते-कहते एक दिन
समय नहीं रह जाएगा

बेतवा के जल का
स्पर्श करते ही पहुँच जाता हूँ पुरखों के पास
पूरे शरीर में समा जाती है उनकी गन्ध
मिल जाता है उनके हाथों का स्पर्श
जिन्हें कभी देखा नहीं

पिता के पिता के पिता के नाम भर याद हैं
वे भी नहाते होंगे इसी समय यहीं कहीं इन्हीं चट्टानों के बीच

यहीं कहीं बीन कर कंडे बनाते होंगे गाकड़ें
गाते हुए रामराजा की कीर्ति के गीत और खा-पीकर
यहीं कहीं किसी पेड़ के नीचे
दोपहर बिलमाते होंगे
खड़ी होंगी उनकी बैलगाड़ियाँ उस पार कहीं
जो झुटपुटा होते चाँदनी रात में चल देंगी
गाँवों की ओर

नदी की धार में डूबकर
पुरखों को किया प्रणाम और मन ही मन कहा बेतवा से
कि माता
एक बार और
और एक बार
शरण देना अपनी गोद में

तुम ही हो जननी

तु ही जीवनदायिनी
तुमने ही पहुँचाया अपने उद्गम के पास तक
शहर भोपाल में सब सुख दिया
लेकिन मैं भोजपुर और विदिशा के तुम्हारे जल में
उतर नहीं सका
तुम तो वहाँ मालवा के पठार में बहती
वेत्रवती हो
कुसुम कमनीय
अठखेली करती सी
वहाँ की श्यामल उर्वरा माटी की सोंधी गन्ध
और मीलों फैले गेहूँ के खेतों की समृद्धि से
निकलकर तुमने
कंकरीले-पथरीले जीवन को कैसे चुना

तुम न होतीं तो कौन पहचानता
चट्टानी वक्ष के भीतर धड़कता हृदय
कौन पहचानता
ऊँची आवाज़ में बोलने वाले खाली पेटों की
स्वाभिमानी जिजीविषा
तुमने ही सिखाया कि जीवन के बीहड़ में
किस ठसक से बहा जाता है
इसीलिए कहता हूँ कि
माता तुम यहीं हो मेरे लिए
यहीं हो तुम माता
एक बार और
और एक बार
शरण देना अपनी गोद में

यही कहकर लौटा था बेतवा से
और सोचा नहीं था कि बचपन के मोहल्ले से गुज़रते हुए

मिल जाएगी बहती हुई एक और सलिला
देने आशीष न जाने कब से टिकी होगी
दरवाज़े की चौखट पर
दे आया हूँ दोनों को भोपाल में अपने घर का पता
और टेलीफोन नम्बर
जीवन भर की भागदौड़ के बाद
जो कुछ मुझे इस संसार से मिला।

['बिथा-कथा' कविता संग्रह से, 1997]

कहते हैं कि दिल्ली की है कुछ आबोहवा और

पूर्व कथन

दिल्ली के बारे में
कुछ भी कहने से पहले
चचा ग़ालिब की याद आना स्वाभाविक है

दिल्ली में वे कैसे जिए, कैसे मरे
यह किस्सा बहुत पुराना नहीं
पर आखिरकार उनके नाम
लिख ही गई दिल्ली

उनके नाम के साथ ही बनी
एक और तस्वीर दिल्ली की
उन्हीं से मिला एक और दिल
एक और ज़ुबाँ दिल्ली को
ऐसी सुखनवरी जिसमें आज की दुनिया की
सारी आवाज़ें छिप जाएँ
वह दुनिया
जिसमें मर के भी चैन न आए
तो किधर जाएँ

दिल्ली जो बदलती है हर रोज़
मायने जिसके वही के वही नहीं रहे

अर्थ-ध्वनियाँ क्या-क्या नहीं हो गईं
जिसमें अच्छा खासा आदमी
एक बार भीतर तक चला जाए तो लौटकर
पहचान में न आए

फिर भी है कहीं कोई दिल्ली जो आज भी है
वहीं की वहीं अपनी जगह
छोटे से कस्बे की तरह कटी-फटी,
मैली-कुचली, नंग-धड़ंग
इस बात से बेख़बर कि वह भी है दिल्ली

तो बाद आदाब
इजाज़त लेकर आपसे
कहना यह चाहता हूँ कि मैंने
ग़ालिब की दिल्ली के बारे में
कुछ नहीं कहा है
उनसे मुआफी माँगते हुए सिर्फ इतना
अर्ज़ करना चाहता हूँ कि
'होने को बहुत शहर हैं हिन्दोस्तान में
कहते हैं कि दिल्ली की है कुछ आबोहवा और।'

[1]

वह दिल्ली से आया था हमारे शहर में

आदिवासी बच्चों जैसा गोल-मटोल
धूल-धूसरित यह शहर जब उसे पसन्द आया
तो हम बहुत खुश हुए

यहाँ के तालाब, पहाड़ियाँ, ऊँचे-नीचे रास्ते,

हरियाली, खुशनुमा हवाएँ और इतने
पास दिखता आकाश जब उसे
अनूठा लगा तो हम फूले नहीं समाए

हमारे लोगों की सहज प्रसन्नता,
मस्जिदों-मीनारों और पुरानी इमारतों की
शालीनता जब उसे विनम्र और मानवीय लगी
तो हमारी गर्दनें ऊपर तन गईं

यहाँ की बोली-बानी, पुरानी बातों, मज़ाकिया किस्सों
और अनहोनी घटनाओं को सुनते-सुनते जब उसने
हमारे साथ बिताई कितनी बेसुध रातें
तो हमें लगा
अब वह हो गया हमारा

किसी और का होने के लिए इससे ज़्यादा
और क्या चाहिए
पर शायद कहीं कोई खटका था हमारे मन में
और एक दिन बिना बताए चुपचाप
वह वापस चला गया दिल्ली

हमें तब भी होश नहीं आया
और आज भी अक्सर हम भुलावे में आ जाते हैं
और भूल जाते हैं कि जो दिल्ली से आता है
वह आखिरकार वापस चला जाता है दिल्ली

[2]

तेज़ रफ्तार के इस दौर में
कहते हैं, बहुत दूर नहीं रही दिल्ली

इसका यह अर्थ भी न लिया जाए
कि वह बहुत पास आ गई है
या इतनी सुलभ हो गई है कि आप उसे
घर में उसी तरह पाल सकते हैं जिस तरह
कुछ लोग पालते हैं...
नहीं...नहीं, मैं वह नाम नहीं लूँगा
आप तो जानते ही हैं कि कितनी
बेतुकी तुक मिलती है उसकी दिल्ली से

मैं इतना भर कह रहा था कि अब
खुल गए हैं कई-कई कम दूरी वाले रास्ते
और आप भी पहुँच सकते हैं दिल्ली
आप भी दिल्ली दरबार के रजिस्टर में
अपना नाम लिखा सकते हैं
और किसी भी ज्ञान-गुरु आचार्य
अथवा सकल गुण निधान सन्त की
अन्दरूनी बैठक तक सदेह जा सकते हैं

आप अपने ही शहर में ध्यान से देखें
मिल जाएँगे आपको कोई न कोई
केसरी प्रसाद जी
जो कभी समस्या को शमश्या
और भाषा को भासा बोलते थे
पर जोड़-बाकी, गुणा-भाग में माहिर
और धुन के पक्के थे
सो उन्होंने खोज ही लिया दिल्ली का अपना रास्ता
अब देखिए
वे किस ठसक से आते दिखाई देते हैं दिल्ली से
और जाते दिखाई देते हैं दिल्ली

देखा होगा आपने कि अब उनकी बातों में
जहाँ-तहाँ बिखरी पड़ी रहती है दिल्ली
उनकी टेबल पर पसरी पड़ी रहती दिल्ली
उनके फोन पर
बजती रहती है दिल्ली
कई बार तो दिल्ली वालों को भी उनके बिना
सूनी-सूनी लगती है दिल्ली

मैं उन लोगों की बात नहीं कर रहा
जो लाखों की तादाद में बिखरे हैं दिल्ली में यहाँ-वहाँ
उनके लिए तो अब भी
बहुत दूर है दिल्ली

[3]

दिल्ली का होने के लिए
दिल्ली का होना ज़रूरी नहीं है
दिल्ली में रहना भी ज़रूरी नहीं है

समझ से काम लें
तो दिल्ली आपकी हो सकती है
और होने को दिल्ली भोपाल में हो सकती है

पर दिल्ली में रहते हुए
आप भोपाल के नहीं हो सकते
भोपाल का होने के लिए
        भोपाल का होना ज़रूरी है

यह बात अलग है कि अब भोपाल को
        भोपाल में खोजना

कठिन होता जा रहा है

फिर भी भोपाल में बची हैं अभी
कुछ पुरानी मस्जिदें, एक पुराना किला
गिरती पड़ती कुछ पुरानी इमारतें
दबी-छिपी पड़ी हैं कुछ ऊबड़-खाबड़ मज़ारें
बची हैं अभी कुछ पुरानी गलियाँ, कुछ किस्से
कुछ लतीफे
बानगी के लिए बची हैं कहीं-कहीं
पुरानी भोपाली

बचे हैं कुछ पुराने शायरों के नाम
बचे हैं बूढ़े हो चुके कुछ दोस्त
बची हैं आज भी भावुक कर देने वाली
कुछ यादें

बचे हैं पहाड़ियों के कुछ पुराने नाम
घेरते जा रहे हैं जिन्हें धीरे-धीरे
ऊँचे उठते मकान

बचे हैं कुछ पुराने तालाब जिन्हें
किसी तरह पूरा नहीं जा सका

लेकिन भोपाल में अब
बहुत कम बचे हैं भोपाल के लोग
बहुत कम बचा है भोपाल में
भोपाल का खान-पान
कब का उठ गया अहद होटल
स्मृति से भी जा रही है मदीने के
खाने की खुशबू

न जाने कहाँ गुम हो गई तलैया के
बड़े मास्साब की पान की दुकान

भोपाल के नामों, निशानों को बाकायदा
    मिटाया जा रहा है एक-एक करके
भोपाल को धकेला जा रहा है
    भोपाल से बाहर
अपने पूरे हो-हल्ले के साथ
घुसी आ रही है दिल्ली भोपाल में

वह तो गनीमत है कि मुम्बई, कोलकाता
और चेन्नई की तर्ज पर
बदला नहीं गया है अभी भोपाल का नाम
अब किसको कैसे पुकारूँ
कि भोपालवासियो
सावधान
भोपाल हुआ जा रहा है दिल्ली

[4]

समस्या उनसे नहीं जो
    पेरिस, लन्दन, न्यूयॉर्क या दिल्ली से
    सीधे आते हैं और उसी तरह सीधे
    वापस चले जाते हैं

समस्या उनसे होती है जो आते हैं
    वाया पेरिस, लन्दन, न्यूयॉर्क या
    वाया दिल्ली

हिन्दी के कविवर बाबा नागार्जुन

जीवन भर घूमते रहे दरभंगा से बाहर
वे महानगरों से लेकर कस्बों तक गए
पहाड़ों से लेकर समुद्रों तक गए
नदियों से लेकर तालाबों तक गए
देश से विदेश तक गए

बम्बई से कलकत्ता, लखनऊ से भोपाल
पटना से विदिशा, बनारस से उदयपुर
साँची से इलाहाबाद,
कोट से बूँदी गए, सागर गए, बाँदा गए
गरज़ यह कि कहाँ-कहाँ नहीं गए

पर कहीं नहीं गए वाया दिल्ली
वे तो दिल्ली भी वाया दिल्ली नहीं गए
जहाँ भी गए दरभंगा से गए
दरभंगा में जिए, दरभंगा में मरे

मैं यह नहीं कहता कि हर कोई
नागार्जुन हो जाए
पर ऐसी क्या जरूरत आन पड़ी है
कि हर एक को वाया दिल्ली ही
        आने-जाने की हड़बड़ी है

पटना से सीधे भी आया जा सकता है भोपाल
भोपाल से सीधे जाया जा सकता है मुजफ्फरपुर
        बीकानेर या फर्रुखाबाद
समस्या वहीं आती है जब बीच में
        आ जाती है दिल्ली

उनके नाम और पहचान बताने से क्या फायदा

उनकी तो सज-धज और रख-रखाव से ही
चल जाता है पता कि वे जो कल या परसों
　　पधार रहे हैं आपके हमारे यहाँ
　　यूँ तो वे हैं गोरखपुर, बनारस, छपरा, आरा,
　　आगरा, सुल्तानपुर या फिर फ़ैजाबाद के
पर वे सीधे नहीं
आ रहे हैं वाया दिल्ली

दरअसल यह वाया वायवीय होते हुए भी
　　व्यक्तित्व में इतना घुलनशील होता है
　　कि आपको
　　कहीं का नहीं रहने देता

पर इस चलन का क्या करें
इन दिनों तो अब अपने ही शहर से अपने ही शहर में
　　लोग आने-जाने लगे हैं
　　वाया दिल्ली

[5]

दिल्ली को केन्द्र मानकर
कैसे भी नाप-जोख कर खींचा जाए
कोई वृत्त
उसमें समाएगा नहीं पूरा देश
वह या तो छोटा पड़ जाएगा
या दूसरे देशों की सीमाओं में चला जाएगा

जो भी हो
पर सचाई यही है कि देश का केन्द्र है दिल्ली
बाकी देश है उसकी परिधि

यूँ तो परिधि ही चुनती है अपना केन्द्र
पर ज्यामिति के नियमों से नहीं चलती
राजनीतियाँ
अब केन्द्र और परिधि के बीच
दूरियों के रिश्ते के अलावा
कुछ नहीं बचा

इसीलिए चौकन्नी हो रही हैं परिधियाँ
वे अपने-अपने अलग-अलग केन्द्र बना रही हैं
अपनी-अपनी ताकत आजमा रही हैं
चारों ओर फैली हैं जातियों की भी जातियों
वर्णों के भी वर्णों और वर्गों के भी वर्गों की
अहम्मन्य अराजकता
मची हुई है मारकाट, तोड़-फोड़, खून-खराबा
हत्याएँ और अपराध हो रहे हैं
सामान्य घटनाएँ

यह केन्द्र और परिधि के बीच
स्वाभाविक तनाव की लड़ाई होती तो कुछ
और सूरत दिखाई देती प्रजातन्त्र की
जड़ता से जड़ता की ओर जाता हुआ प्रजा का यह तन्त्र
सिर्फ एक मोहरा बनकर रह गया है
हल कुछ होता दिख नहीं रहा
सिर्फ समीकरण बदल रहे हैं
मैं भी कैसा मूरख, किससे कह रहा हूँ ये बातें
वह भी कविता में
आप तो गुणीजन, जानते हैं सब कुछ
इसीलिए अकसर चुप ही रहते हैं

बहरहाल मैं तो बात यह कहना चाहता था

कि जिस वैश्विक समय में टूटकर बिखर गए
बड़े-बड़े देश
उस समय में पूरी उदारता के साथ
बची हुई है हमारी दिल्ली
बची हुई है उसकी शानो-शौकत उन करोड़ों-करोड़
आँखों के भरोसे
जिनमें आज भी जगमगाते तारे की तरह
जड़ी हुई है दिल्ली

वे बिना तर्क-वितर्क दिल्ली को ही
अपनी धड़कन मानते हैं
हिमालय, गंगा-जमुना-नर्मदा, कृष्णा-कावेरी की तरह
दिल्ली को ही अपनी पहचान मानते हैं
वे तमाम-तमाम लोग
जिन्होंने कभी अपनी आँखों से
देखी नहीं दिल्ली।

[6]

कोई न कोई कारण रहा होगा
वरना कोई यूँ ही नहीं चला जाता दिल्ली

कहने को लोग कुछ भी कहते रहें अपने बारे में
सच तो यह है कि खुद होकर
किसी को अपने पास नहीं बुलाती दिल्ली
लोग ही भागे चले जाते हैं अपने किसी न किसी तुकतान में
और हर बार
पहले से अधिक परेशान और
अपमानित होकर लौटते हैं
धीरे-धीरे इसकी आदत पड़ जाती है

और फिर इसे हम दिल्ली की विवशता कहकर
मन को समझाते हैं

जब तक कोई किसी और देश-देशान्तर से नहीं आता
दिल्ली किसी के स्वागत में उठकर खड़ी नहीं होती
जैसे पहाड़ों पर पहुँचते ही हँसता खड़ा रहता है
हिमालय हमारे स्वागत में
जैसे कोलकाता में प्रवेश करते ही
उमड़ पड़ती है हुगली और हमें एक और लोक में
पहुँचा देती है
जैसे मुम्बई में उतरते ही हमें खींचने लगती हैं
अपनी तरफ लोकल ट्रेनें
खींचने लगती हैं अपनी तरफ अनवरत
चलते लोगों की अपार भीड़
बुलाने लगता है झूमता गाता अरब सागर
अपने पास

जैसे केरल की हरियाली, नारियल के पेड़ और
चारों ओर फैला पानी हमें, अपने पास
और, और...और पास बुलाता है
जैसे कन्याकुमारी में हिन्द महासागर का विस्तार
भुला देता है हमें अपने होने का अहंकार
दिल्ली खुद होकर
कभी किसी को नहीं बुलाती
दिल खोलकर न तो हँसती है
न किसी को हँसने देती है
कोई उसका अर्थ समझ न ले
बस इतना-सा ज़रूरत पड़ने पर हँसती-मुस्कराती है
थके हुए घोड़ों की तरह होते हैं दिल्ली के दिन
रातों में ज़रूरत से ज़्यादा रोशनी

उदास करती है

फिर भी कुछ है कि हम बार-बार
न जाने किस स्वर्ग की उम्मीद में
भागे चले जाते हैं दिल्ली।

[7]

दिल्ली में कुछ ज़्यादा ही गर्मी पड़ती है
दिल्ली में कुछ ज़्यादा ही सर्दी पड़ती है
दिल्ली में कुछ ज़्यादा ही कम होती है बारिश
दिल्ली का पारा कुछ ज़्यादा ही चढ़ता है
दिल्ली का तापमान कुछ ज़्यादा ही गिरता है
दिल्ली की सुबहें कुछ ज़्यादा धूल भरी होती हैं
दिल्ली की शामें कुछ ज़्यादा ही धुआँ उगलती हैं

बावजूद इस सब कुछ ज़्यादा के
मेरे बहुत, बहुत सारे दोस्त रहते हैं दिल्ली में
कुछ वे जिनके साथ बिताए कितने-कितने यादगार दिन
कुछ इतने अन्तरंग जिनके बारे में
कुछ भी कह पाना मुश्किल है
कुछ वे जिनके साथ लगाए मिलकर नारे
गाए जाने कितने अद्‌भुत गीत साथ में
जिनकी स्मृति आज भी झुरझुरी भर देती पूरे शरीर में

ये वे दिन थे जब हम में से कोई दिल्ली नहीं गया था
और हमारी मित्रताएँ भी दिल्ली में नहीं हुई थीं
जो दिल्ली के ही थे उनसे भी हम दिल्ली में नहीं मिले थे

मेरे बहुत सारे दोस्त रहते हैं दिल्ली में

पर उनसे दिल्ली में ही मिल पाना मुश्किल होता है
जब मिलते हैं, दिल्ली से बाहर मिलते हैं
अपने-अपने पुराने स्टेशनों पर उतरते ही
उनके चेहरों के रंग बदल जाते हैं
उनकी चाल-ढाल बोली-बानी में दिल्ली कुछ इतनी झुकती है
हमें शर्म आने लगती है अपने छोटे रह जाने पर

दोस्त, दोस्त होते हैं
आखिर जीते-मरते साथ-साथ में बहुत दिनों तक
एक दूसरे के दुश्मन भी हो जाते हैं
किन्तु किसी को भी दुश्मन कह पाना बहुत कठिन है
इसीलिए यह कह पाना कभी नहीं सम्भव है
मेरा कोई दुश्मन भी रहता है दिल्ली में

दिल्ली में जब कोई दुर्घटना घटती है
सबसे पहले सारे दोस्त याद आते हैं
शायद इसीलिए दिल्ली की चिन्ता
मुझे सताती ही रहती है
दिल्ली सुख से है तो फिर क्या
बाकी सब तो ठीक ठाक ही रह लेते हैं
कभी कहीं भी।

[8]

दिल्ली देश में है
दिल्ली में देश है
क्या नहीं है दिल्ली में
उत्तर है, दक्खिन है, पूरब है, पच्छिम हैं
दिल्ली में सूरज है, चाँद है, तारे हैं,
सारे ग्रह हैं, नक्षत्र हैं

जंतर-मंतर है दिल्ली में

दिल्ली में तेज़ी से फलता-फूलता दिन है
खुशनुमा महकती रात है
रात की रोशनी है, रोशनी के नज़ारे हैं

दिल्ली में कौन-सी हवा नहीं चलती
किस देश की तरफ दिल्ली की खिड़की नहीं खुलती
कौन-सा रहस्य है जो दिल्ली में नहीं पलता
कौन-सी गुत्थी दिल्ली में नहीं सुलझती

कौन-सी वेशभूषा, कौन-सी पोशाक
दिल्ली पर नहीं फबती
कौन-सी बिजली है जो दिल्ली में नहीं चमकती

दिल्ली में सब कुछ है,
अमेरिका है, फ्रांस है, जर्मनी है, इंग्लैंड है
हॉलैंड है, पोलैंड है, कनाडा है
यानी दुनिया-जहान है
दुनिया-जहान का सब सुख है दिल्ली में

दिल्ली में सब कुछ मिलता है
बस दिल्ली ही नहीं मिलती
दिल्ली में कहीं कोई दिल्ली वाला नहीं दिखता
सिर्फ एक नदी है जिसने कभी बसाया था दिल्ली को
वह दिल्ली के खोते जाने के दुख में सूखी जा रही है
अब दिल्ली को कोई इस नदी के कारण
नहीं जानता।

[9]

हिन्दी के एक अकेले फक्कड़ आलोचक
सचमुच के विद्वान
आपाद मस्तक डूबे हुए साहित्य के सागर में
बतरस में माहिर
सहृदय इतने कि बड़े-बड़े कवि
और कलाकार उन्हें देखते रह जाएँ

पान के शौकीन
चटोरे मिष्ठान के
गोरे-चिट्ठे, मँझोले कद के
सत्तर पार कर चुके इतने खूबसूरत इनसान
कि अच्छों-अच्छों के कद उनसे छोटे पड़ जाएँ

यानी पंडित विश्वनाथ त्रिपाठी को जानते हैं आप
आधी से ज़्यादा उम्र से रहते आ रहे हैं उसी दिल्ली में
जिसमें रहते हैं आप
वे भी आप ही की तरह आए थे रोटी-रोज़ी के चक्कर में
और बस गए वहीं
पर उनका आज तक कुछ भी नहीं बिगाड़ पाई दिल्ली

जब भी उनसे मिलेंगे आप
लगेगा आपको कि पंडित जी अभी-अभी उतरे हैं
बलिया-गोरखपुर की किसी ट्रेन से
और दिल्ली की चौड़ी सड़क पार नहीं कर पा रहे हैं

समय-समय की बात
कुछ ऐसा संयोग घटित हुआ भोजपुरी और बुन्देली में
कि एक दिन पंडित जी और मैंने ओरछा में

साथ-साथ किया स्नान वेत्रवती में जिसे बुन्देली में
कहते हैं बेतवा

बेतवा की बीच धार के कुछ रंग-बिरंगे घिसे हुए
श्यामल-धूसरे-चिकने गोल-गोल पत्थर
भा गए विश्वनाथ जी को
और वे उन्हें अपने साथ ले गए दिल्ली

और देखिए कि ठीक एक बरस बाद
उन्हीं गर्मियों के दिनों में
बेतवा की उसी धार में, उन्हीं पत्थरों को
वापस स्थापित करते देखा मैंने विश्वनाथ जी को
तो मैं उन्हें देखता रह गया भौंचक्का
और विश्वनाथ जी मानो मन ही मन क्षमा माँगते रहे
बेतवा से

अब आप बताइए
ऐसा आदमी क्या रह सकता है दिल्ली में
पर सच तो यही है वे रहते हैं दिल्ली में
शायद उस दिल्ली में
जो अब किसी को दिखाई नहीं देती
पर वे उसे खोज लेते हैं कहीं न कहीं
और उसी के भरोसे न केवल रहते हैं दिल्ली में
उसे बेहद प्यार भी करते हैं
दिल्ली की चर्चा में उनकी आँखों और चेहरे की
भंगिमाओं से लगता है
वे दिल्ली पर जी-जान से मरते हैं।

[10]

आप अगर उसे फतह करने के इरादे से निकले हैं
तो पहले यह जान लें
कि आज तक कोई फतह कर नहीं पाया दिल्ली

हर एक को भ्रम रहा कि उसने जीत लिया दिल्ली को
पर कुछ दिनों बाद ही चलने लगता है पता
वि वह भी उसी का गुलाम होकर रह गया है

दिल्ली का अपना मौसम है
अपनी हवाएँ हैं, अपनी गर्मी है, अपनी ठंडक है
इसका अपना तापमान है।

तमाम भाषाओं के रहते हुए भी
दिल्ली की अपनी भाषा है जो आपकी
अपनी भाषा में सेंध लगाती है
और आपको पता नहीं चलता कब आप अपनी ही भाषा में
दिल्ली की भाषा बोलने लग जाते हैं
आपको मालूम भी नहीं होता कब आप
उसकी चाल में ढल जाते हैं
कब आप उसी की तरह रहने-सहने लग जाते हैं

जब आपको अपने अलावा दूसरों की आवाज़ें
कम सुनाई देने लग जाए
जब आपको अपने लिखे के अलावा दूसरों का लिखा
कम पढ़ाई में आने लग जाए
जब आप फैसले सुनाने की आवाज़ में बोलने लग जाएँ
जब आप सामने से आते हुए मनुष्य को
पास आने से पहले ही सूँघने लग जाएँ

जब आप आदमी को उसकी हैसियत से
पहचानने लग जाएँ
तो भले ही रहते हों आप भोपाल में
समझ लीजिए कि आप दिल्ली के दास हो चुके हैं
और पाले रहिए जीवन भर यह भ्रम
कि आपने जीत ली है दिल्ली।

[11]

मुक्तिबोध के मन में भी
पैदा हुई थी दुविधा कि वे
दिल्ली जाएँ या उज्जैन
और आखिरकार
वे नहीं गए दिल्ली

अपने अन्तिम दिनों तक रहे आए
छत्तीसगढ़ से एक छोट-से कस्बे
राजनाँदगाँव में
जिसके एक पुराने ढहे हुए किले जैसे घर के
अँधेरे में उतारते रहे वे ऐसी रहस्यमय, रक्ताभ,
भयावह सजीव आकृतियाँ
जो आधुनिक कलादीर्घाओं में टँगे
अमूर्त चित्रों की कलाभिरुचियों पर
भारी पड़ गईं
जिनमें पहली बार दिखाई दिया अँधेरे में
दुनिया-जहान का वह असली चेहरा
जो रोशनी में कभी देख पाना
सम्भव नहीं हुआ

जब इलाहाबाद,

बनारस,
पटना और न जाने कहाँ-कहाँ के
पंडे-पुजारी
अपनी-अपनी छतरियाँ
दिल्ली दरबार में तान रहे थे

तब मुक्तिबोध
कविता के सपने में बार-बार
बुदबुदा रहे थे कि वे
दिल्ली जाएँ या उज्जैन
और आख़िरकार वे नहीं गए दिल्ली

वे वापस उज्जैन भी नहीं जा पाए
जेसे कोई भी वापस जा नहीं पाता
अपनी जड़ों तक
वर वे जहाँ भी गए
अपनी जड़ें अपने साथ लिये गए

उनके तमाम साथी भी चले गए दिल्ली
जो रह गए वे इतना हिसाब-किताब बनाए रहे
कि हाथ से छूट न जाए दिल्ली
और मुक्तिबोध अक्सर पाए गए
सागर में, जबलपुर में, भोपाल में
और हद से हद,
बनारस या इलाहाबाद में
और भटकते रहे बीस वर्ष की उम्र से
नौकरी करते, बड़नगर से शुजालुपुर, इन्दौर और
उज्जैन
और जबलपुर से बनारस, बम्बई, बैंग्लोर, कोलकाता
और नागपुर

और मैं पूछता हूँ कि यह सवाल अपने आप से बार-बार
कि आखिरकार मुक्तिबोध
क्यों नहीं गए दिल्ली

वे बचते रहे जीवन भर दिल्ली से
और अन्त में ले जाए गए दिल्ली
नीम बेहोशी में
अपनी कविताओं की पहली पुस्तक के
मुख-पृष्ठ पर केवल अपनी थरथराती
उंगलियाँ फिराने

आखिरी साँस ली उन्होंने दिल्ली में
और उस आखिरी साँस के साथ
जिस तरह जाग कर बैठ गई दिल्ली
ऐसा पहले कभी देखा नहीं गया

दिल्ली में
मृत्यु के बाद इस तरह किसी और को
जिन्दा होते हुए देखा नहीं गया।

[12]

क्या आप किसी ऐसे आदमी को जानते हैं
जो कभी न गया हो दिल्ली
जान पर बन आई हो लेकिन उसने कभी
दिल्ली-दिल्ली की गुहार न लगाई हो
जवानी में भी जिसने दिल्ली की तरफ मुड़ कर न देखा हो
जिसके सपने में भी कभी दिल्ली न आई हो
जो दिल्ली का केवल एक अर्थ जानता हो
जो दिल्ली को दिल्ली से ज़्यादा कुछ नहीं मानता हो

जिसका दिल्ली में कोई दोस्त-यार नहीं हो
जिसका दिल्ली में कोई रिश्तेदार नहीं हो
जिसका दिल्ली से कोई काम नहीं पड़ा हो
जो दिल्ली के दम पर कभी कोई सीढ़ी न चढ़ा हो
जिसने दिल्ली गए बिना जीवन के सारे बसन्त बिता दिए हों
फिर भी वह आदमी दिल्ली से बड़ा हो

जानते हो तो बताएँ
कब से ऐसे आदमी के इन्तज़ार में धूप में
तप रही है दिल्ली
कब से उसी के इन्तज़ार में ठंड में
ठिठुर रही है दिल्ली
दिल्ली एक बार उस आदमी के कन्धे पर सिर रखकर
रोना चाहती है

दिल्ली कम से कम एक बार
दिल्ली होना चाहती है।

[13]

लगभग चालीस वर्ष पहले
दिल्ली में यूसुफ सराय के पास
बाहर से आए हम कुछ दोस्त
अपने-अपने नशे में डूबे
रात की रोशनी में देखने निकले थे दिल्ली
और भटकते रहे थे बड़ी देर तक
सड़कों पर आवाराओं की तरह

उस समय हमने अपनी-अपनी रौ में
उस पागलनुमा अधेड़ से आदमी को

नज़रन्दाज़ कर दिया था जो हमसे कुछ आगे-आगे
बड़बड़ाता जा रहा था अपने आप से
कुछ इस तरह कि हमने
पहले ही कहा था कि पैदल मत चलो
मत चलो पैदल
पैदल आज तक कोई नहीं पहुँचा
दिल्ली
जितना चलते जाओगे उतनी ही और-और
दूर होती जाएगी दिल्ली

उस समय हमने उस पर ध्यान नहीं दिया था
आज चालीस बरस बाद,
जब खुद को ही सुनाई देने लगी है
अपने बड़बड़ाने की आवाज़
वह आदमी याद आता है
लगता है कहीं मैं ही तो नहीं था वह आदमी
जो सारी उम्र पैदल चलते-चलते
खोजता रहा दिल्ली।

समाहार

दिल्ली जो एक शहर है
मैं उसके बारे में कुछ नहीं कह रहा था

उसमें रहते हैं जो अनगिनत लोग
जीते-मरते खटते-खपते
रोज़ी-रोटी कमाते
मैं उनके बारे में भी कुछ नहीं कह रहा था

दिल्ली में जो लाल किला है, जो कुतुब मीनार है

जो जामा मस्जिद है और जो यमुना नदी है और
इसके दोनों ओर जो बस्तियाँ हैं
मैं उनके बारे में तो कुछ भी नहीं कह रहा था

संसद भवन, राष्ट्रपति भवन, इंडिया गेट
विज्ञान भवन, राजघाट और शान्ति वन के बारे में तो
क़तई कुछ नहीं कह रहा था

मैं अमीर खुसरो, निज़ामुद्दीन औलिया,
मीर और ग़ालिब, अबदुर्रहीम खानख़ाना
और बहादुरशाह ज़फ़र के बारे में तो
बिलकुल कुछ भी नहीं कह रहा था

मित्रो,
इस सब के बावजूद
मैं जो कुछ कह रहा था
दिल्ली के बारे में ही कह रहा था।

गाँव के कब्रस्तान में लिखा गया एक शोक गीत

आज से लगभग चालीस वर्ष पूर्व 1957 में मैंने अंग्रेजी के कवि थॉमस ग्रे (1716-1771) की इस प्रसिद्ध कविता का भावानुवाद किया था। उन दिनों बुन्देलखंड कॉलेज, झाँसी (उ.प्र.) में प्रो. बी.पी. दरबारी अंग्रेजी साहित्य पढ़ाते थे। उन जैसे बिरले अध्यापक से यदि इस कविता को पढ़ने का सौभाग्य मुझे न मिला होता तो यह भावानुवाद मुझसे कभी सम्भव न होता।

इतने वर्षों तक इस भावानुवाद को मैंने कहीं प्रकाशित नहीं कराया। केवल एम.ए. अंग्रेजी के छात्र-छात्राओं के बीच परीक्षोपयोगी दृष्टि से इसकी साइक्लोस्टाइल प्रतियाँ बँटती रहीं। मुझे वर्तमान समय में भी इस कविता की भावभूमि न केवल प्रासंगिक लगती है, आज भी उद्वेलित करती है। इसे ठीक-ठीक अनुवाद कहना शायद उचित नहीं। इसीलिए मैंने इसे भावानुवाद कहा है जो शायद एक हद तक एक तरह की पुनर्रचना भी हो, या फिर शायद एक महान और प्रसिद्ध कविता का कालांतर बाद एक अन्य भाषा के युवा कवि द्वारा अपने लिए तैयार किया गया अपना एक पाठ। जो भी हो...मुझसे बेहतर निर्णय आप ही इसे पढ़कर कर सकेंगे।

यह रचना प्रो. बी.पी. दरबारी की स्मृति को समर्पित है।

—भगवत रावत

गिरजे का घंटा कह रहा कि साँझ हो रही,
कहीं दूर की पगडंडी पर गाय रँभाई।
श्रम से भारी पैर कृषक घर लौट रहे हैं,
मुझे अकेले में निशि-साँपिन डसने आई।

अन्धकार बढ़ रहा छा रही है नीरवता,
बस पंखी की साँय-साँय पड़ रही सुनाई।
भेड़ों की घंटी, ज्यों मीठी लोरी गाकर–
कोई उन्हें सुलाए, यूँ कानों तक आई।

और कहीं पर खंडहर में उलूक निज स्वर में,
मित्र चाँद से, है मेरी कर रहा शिकायत।
कौन आ गया है, मेरे नीरव शासन में,
मुझको सदा अकेले ही रहने की आदत।

ऐसी नीरवता में, वृक्षों के नीचे, मैं–
देख रहा हूँ उलटी-सीधी बनी मज़ारें।
लगता मिट्टी के ढेलों पर घास उगी हो,
जहाँ सो चुकीं ग्रामीणों की प्राण पुकारें।

उन्हें प्रातः का पवन न अब सुरभित कर सकता,
उन्हें न अब चिड़ियाँ गा-गाकर उठा सकेंगी।
वे मुर्गे की बाँग न सुनकर चौंक सकेंगे,
अब उनको दुनिया न नींद से जगा सकेगी।

उनके स्वागत में अब चूल्हे नहीं जलेंगे,
उनकी गृहिणी अब न शाम को व्यस्त रहेंगी।
तुतलाकर बालक न आगमन दुहराएँगे,
ममता घुटनों पर चढ़ चुम्बन पा न सकेगी।

उनके हँसिए की उस तीव्र धार के आगे,
झुक जाती थीं स्वयं खेत की लम्बी बालें।
उनके श्रम के हल से धरती फट पड़ती थी,
उनके कर से टूटी कितनी तरु की डालें।

अरी महत्त्वाकांक्षा! मत हँस उस जीवन पर,
जिसकी प्रतिभाओं को स्वर-सम्बल न मिल सका।
जिसकी राम कहानी याद न रही किसी को,
जिसको सदा घृणा का ही उपहार मिल सका।

ऊँचे कुल का अहं, और भौतिक समृद्धि सब,
सुन्दरता, धन वैभव यहीं पड़े रह जाते।
जीवन के सब शानदार यशपूर्ण रास्ते,
एक कब्र तक ही जाकर समाप्त हो जाते।

अरे दम्भियो! उन्हें दोष मत दो, यदि उनकी
कब्रों पर स्मारक न सजाकर गया बनाया।
नहीं शोक में गाया गया मर्सिया जिनके,
जिनको गिरजे की भू में न गया दफनाया।

सोने के प्यालों में रखी अस्थियाँ जिनकी,
क्या उनको अब वे फिर से जीवित कर सकतीं?
अपने आदर में गाई कविता, भाषण को,
मर जाने पर क्या कोई मिट्टी सुन सकती?

इन कब्रों में सोए जाने कितने ऐसे,
जिनमें थी महान कवि बन सकने की क्षमता।
कितने कर थे शासन दंड ग्रहण कर सकते,
कितनों के स्वर में थी मधु-संगीत-सरसता।

वर्षों संचित किए ज्ञान के उस समुद्र का,
एक बिन्दु भी जिनका हृदय न स्पर्श कर पाया।
निर्धनता ने जिनके अन्तर की साधों को,
सदा जकड़कर अपने हाथों से दफनाया।

सागर की तह में कितने ही हीरे-मोती,
पड़े हुए यों ही, जिनको जग जान न पाया।
निर्जन वन में कितने फूल खिले मुरझाए,
जिनकी मादक गन्ध नहीं कोई ले पाया।

जाने कौन हैम्पडन यहाँ पड़ा सोया हो,
जिसकी देश-भक्ति सीमित हो फैल न पाई।
मिल्टन, जिसके गीतों को दुनिया न पढ़ सकी,
क्रोमवेल जिसने न रक्त की नदी बहाई।

अन्यायी शासन के प्रति फट पड़नेवाली,
वक्ता बनने की अभिलाषा यहीं कहीं है।
घर-घर खुशी बाँटनेवाली तवारीख सच,
पन्नों पर कब लिखी गई, पर यहीं कहीं है।

जहाँ भाग्य ने उनकी प्रतिभाओं को रोका,
उनके दोषों से भी हरदम रखा अपरिचित।
रक्त बहाकर, नहीं तख़्त उनसे जितवाया,
नेह-दया से उनके मन को किया न वंचित।

और सचाई पी जाने वाला पीड़ामय
मन का अन्तर्द्वन्द्व, नहीं उनको छू पाया।
कभी शर्म से चेहरा पीला पड़ा न उनका,
चारण बनकर नहीं कला पर दाग लगाया।

लालच में पागल जग के उस कोलाहल की
ओर, भावना स्वच्छ नहीं उनकी मुड़ पाई।
सदा शान्त घाटी की तरह बिताया जीवन,
सदा शान्तिमय दिनचर्या में उमर बिताई।

फिर भी उनके स्वाभिमान की रक्षा करने,
कब्रों पर कुछ स्मृति के पत्थर गढ़े हुए हैं।
जो कि राहगीरों की नज़र झुका देते हैं,
जिन पर कुछ अटपटे शब्द से खुदे हुए हैं।

जिन पर उनका नाम, जन्म-तिथि और मृत्यु-तिथि,
अपढ़ करों से यश-गाथा सी खुदी हुई है।
और बाइबल की वे कुछ संक्षिप्त पंक्तियाँ,
जिनमें जीवन की नश्वरता छिपी हुई है।

कौन पुरुष है जो यह नहीं चाहता उसका,
नाम मृत्यु के बाद कभी दुहराया जाए।
किसने एक विवश-सी दृष्टि न फेंकी सब पर,
किसके प्राण न मरने से पहले घबराए।

निज प्रिय की गोदी में सिर रख किसने उसकी
आँखों में विछोह के बिन्दु नहीं चाहे हैं।
अरे! कब्र तक स्मृति की पुनरावृत्ति चाहती,
बुझे राख के कण तक साथ युक्त पाए हैं।

शायद कभी अकेलेपन में डूबा कोई,
मेरे कवि के बारे में उत्सुक हो पूछे।
किसको इन मृत ग्रामीणों से बड़ा स्नेह था,
किसने ये पंक्तियाँ लिखीं, यदि कोई पूछे।

कोई वृद्ध गड़रिया उसे बताए शायद,
अक्सर मैंने उसको इधर निकलते देखा।
अरुणोदय के समय रौंदते हुए ओस को,
द्रुत गति से अक्सर ऊपर को चढ़ते देखा।

और दोपहर को उस झुके पेड़ के नीचे,
अक्सर टाँगें फैलाकर लेटा करता था।
जिसकी जड़ें पुरानी, भू पर फैल गई हैं,
वहीं लेट, उस चश्मे को देखा करता था।

और सामने के जंगल में कभी-कभी वह,
नफरत से हँसता सा कुछ बकता रहता था।
कभी बहुत चिन्तित, उदास, पागल-सा दुख में,
असफल प्रेमी सा निराश फिरता रहता था।

किन्तु, एक दिन सुबह पहाड़ी पर उसको,
वृक्ष तथा चश्मे की ओर न जाते देखा।
अगला दिन भी आया किन्तु नहीं वह आया,
इसके बाद न उसको यहाँ कहीं भी देखा।

पर अगले दिन सुबह उसी के शव को देखा,
कुछ लोगों को शोक-गीत गाते ले जाते।
उस मजार पर वह जो पत्थर गड़ा हुआ है,
पढ़ सकते हो जाकर स्नेही जन के नाते।

(क्योंकि अपढ़ हूँ मैं उसको कैसे पढ़ सकता)

समाधि लेख (Epitaph)

यहाँ पड़ा है एक युवक माँ की गोदी में,
जो वैभव से, यश से हरदम रहा अपरिचित।
जिसे शोक ने अपना कहकर अपनाया था,
जो गरीब होकर भी सभ्य और था शिक्षित।
जिसका हृदय विशाल, और आत्मा पवित्र थी,
ईश्वर से बस यही एक उपहार मिला था।
और अश्रु जो बहे दूसरों के हित उसके,
बदले में उन बूँदों का ही प्यार मिला था।
और करो मत चर्चा उसके गुण-दोषों की,
क्योंकि कब्र में वे सब शंकित गड़े हुए हैं।
जाने क्या फल उनको जगत पिता ईश्वर दे,
इसी सोच में वे गुमसुम से पड़े हुए हैं।

[Elegy written in a Country Church-yard का भावानुवाद]

●●●